대종사님의
그 때 그 말씀 3

대종사님의
그 때 그 말씀 3

서문 성 엮음

원불교출판사

글머리에

새 회상 원불교에 입문해 《원불교 교전》과 《대종경 선외록》에서 대종사님의 법문을 받들 수 있었습니다.

그 후 원불교 초기교단의 각종 자료와 대종사님 당대 선진님들의 말씀을 통하여 다시 한번 대종사님의 법문을 받들고 모실 수 있어 참으로 기뻤습니다.

그리하여 원불교 교전과 대종경 선외록에 빠진 법문들을 한 자리에 모아 《대종사님 그 때 그 말씀》 1권과 2권을 6년 전과 4년 전에 엮었습니다.

이번에 다시 3권과 4권을 엮고 글머리를 쓰려하니 2권을 엮으며 썼던 글머리가 떠오릅니다.

"엮은이는 대종사님의 법문을 받들면서 '나는 행복자이다'

라는 것을 느꼈습니다.

  선진님들께서 대종사님에 대한 말씀을 하실 때면 '어찌 다행, 어찌 다행'이라 하시던 그 모습들이 제 마음 속에 살아 숨쉬기 시작하자 한 법문 한 법문이 대종사님을 모시고 직접 받드는 것 같았습니다. 얼마나 큰 기쁨인지 말로 형언할 수 없었습니다.

  새 회상 만난 모든 인연들이 대종사님 받드는 행복과 기쁨을 온 누리에 전하며 대종사님 곁에 한 걸음 다가서는 좋은 나날들 되시기를 간절히 염원 올립니다."

  법문을 받들다 보면 유사한 법문들이 있음을 알 수 있습니다.

  대종사님께서 상황에 따라 대기대용으로 제자들을 지도하셨기에 각 자료들이나 당대 제자들의 구술 자료에서도 같은 법문일지라도 표현이 달리되어 있음을 알 수 있습니다.

  법문을 엮으면서 문맥의 통일성이 다소 부족하더라도 대종사님께서 법문 하실 당시의 상황을 조금이라도 더 느낄 수 있도록 그대로 두었으며, 상황에 따라 맞춤법과 띄워 쓰기 등은 현대에 맞게 약간 교정한 부분이 있음을 밝혀 둡니다.

　부록으로 주산 송도성 종사의 〈대종사 약전〉을 통하여 대종사님의 역사를 알 수 있도록 하여, 초기교단과 대종사님의 자비경륜을 아는데 도움이 되도록 하였습니다.

　끝으로 대종사님의 한 법문도 땅에 떨어지지 않도록 받드는 것이 오늘에 사는 제자의 도리라 생각하며 글머리를 맺습니다.

서문 성

차 례

1. 인과의 원리　　　　　　　　　　11
2. 평상시 하는 말과 생각이 기도이다　　55
3. 살림살이 구경이나 하여 보자　　　113
4. 신(信)은 도의 근원　　　　　　　163
5. 부록. 대종사 약전　　　　　　　239

인과의 원리

동일한 죄와 복을 짓는 데에도
개인에게 짓는 것은 어느 때든지
그 사람을 만나야만 받게 되지마는
국한을 툭 터서 공중을 향하여 짓는 것은
어느 때 어느 곳을 가던지
우연한 복과 우연한 죄로 받게 되나니
이 어찌 범연히 들을 바이랴.

-본문 중에서-

1

 대종사 서울 교당에서 대중에게 말씀하시었다.

 『요사이 나는 일꾼을 감역하기 위하여 여러 노동자들과 매일 접촉하게 되었던 바 어제는 저희들끼리 대화하는 가운데 이와 같은 내용을 들었다.

 '아무리 하여도 무엇이 도와주는 것이 있어야 해. 아무리 애를 써도 억지로는 살 수 없는 것이야. 아무개로 말하면 낮에는 돈을 벌고 밤이면 나무하기에 곧 부자가 될 줄 알았더니 어느 날 밤에 헛간에 담배불이 떨어져 집을 다 태우는 것을 본 즉, 참! 인력으로는 어찌 할 수 없는 것이야' 라고 하더라. 그래 그 이유를 묻는다면 자세히 가르쳐 주려고 하였더니 묻는 자가 없기에 그만 두었다가 오늘 여러분들에게 그 말을 가르쳐 주려 하노라.

대저 인간이 이 세상에서 살아가자면 자기도 모르게 우연한 음조와 음해가 반드시 돌아오나니 과연 음조와 음해란 그 무엇이 보내는 것인가. 하느님일까, 부처님일까, 조상일까, 귀신일까? 아니다. 하늘도 아니요 부처도 아니요 조상도 아니요 귀신도 아니다. 시시각각으로 우리에게 돌아오는 복불복(福不福) 죄불죄(罪不罪)는 다만 우리 마음 작용에 달려 있나니 부처님께서 이르신 바 일체유심조라는 말씀이 곧 이것이다. 다시 말하면 부귀빈천과 고락우희(苦樂憂喜)가 각자의 지은 바를 좇아서 된다는 것이니 과거에 지은 바는 현재에 받게 되고 현재에 지은 바는 미래에 받게 되는 것이며 미래에 받을 때는 그를 일러 음조 또는 음해라 하느니라. 그런데 이 세상 사람들은 그런 이치를 알지 못하고 부귀와 영화를 억지로 탐하려 하며 빈천과 고통을 억지로 면하려 하니 그 어찌 어리석지 아니하며 답답하지 아니하랴.

자고로 부처님께서는 생로병사와 인과보응의 이치를 다 아시므로 모든 중생들의 심신작용 하는 것을 보시면 죄복간에 어느 때 어떻게 받을 것까지 아시지마는 미한 중생은 그런 이치를 전혀 알지 못하므로 죄만 짓게 되는 것이다.

그리고 동일한 죄와 복을 짓는 데에도 개인에게 짓는 것은 어느 때든지 그 사람을 만나야만 받게 되지마는 국한을 툭 터서 공중을 향하여 짓는 것은 어느 때 어느 곳을 가던지 우연한 복과 우연한 죄로 받게 되나니 이 어찌 범연히 들을 바이랴.

여러분들도 경영하는 일이 인력이 아니라 우연히 잘 되는 일과 인력이라도 중력(衆力)으로 잘 되거든 과거나 현재에 공중사업을 잘 한 줄로 알고, 개인에게 도움을 받게 되거든 과거나 현재로 그 사람에게 유익을 주었은 줄을 알며, 그 반대로 경영하는 바 일이 우연히 실패되는 일과 인력이라도 중력으로 실패가 되거든 과거나 현재에 공익사업에 손해를 준 줄로 알며, 개인에게 손해를 보게 되거든 과거나 현재로 그 사람에게 손해를 주었는 줄로 알라. 동시에 음조와 음해의 출처는 오직 각자의 육근 작용에 있다는 것을 항상 명심하여야 할 것이다.』

2

대종사 인과의 원리에 대하여 말씀하시었다.
『천하무일물사자(天下無一物死者)
분예지중(糞穢之中)
유유생생약동지기(猶有生生躍動之氣),
사회지중(死灰之中) 역유기기(亦有其氣).

고분예사회(故糞穢死灰)
시어식물즉(施於植物則) 식물무성(植物茂盛),
시어곡물즉(施於穀物則) 곡물다확(穀物多穫),
형수유변이기기불사(形雖有變而其氣不死).
인약불사즉(人若不死則)
자유호흡지리(自有呼吸之理),
천지불사즉(天地不死則)
자유음양성쇠지도(自有陰陽盛衰之道),
유음양성쇠지도(有陰陽盛衰之道)
고유인과보응지리(故有因果報應之理),
유인과보응지리(有因果報應之理)
고상생상극이반복무상(故相生相克而反覆無常).
차시(此是) 자연(自然) 천업(天業),
중생순지(衆生循之), 달인초지(達人超之).』

"천하에 한 물건도 죽어 없어지는 것이 없으니
똥과 거름에도 오히려 생생 약동한 기(氣)가 있고,
불 꺼진 재에도 또한 그 기가 있나니라.
 이러한 까닭에 똥과 거름, 재 등을
식물에 뿌려주면 식물이 무성해질 것이요,
곡식에 뿌려주면 곡식의 수확이 많게 될 것이니,

형체는 비록 변하나
그 기는 영원히 없어지지 아니 하나니라.
사람이 만약 죽지 않는다는 것은
스스로 호흡의 이치가 있기 때문이요,
하늘과 땅이 영원히 없어지지 않는다는 것은
스스로 음양성쇠의 도가 있기 때문이니,
음양성쇠의 도가 있는 까닭에 인과보응의 이치가 있고,
인과보응의 이치가 있는 까닭에
상생상극의 변화 작용이 반복하여 멈추지 안 나니라.
이는 스스로 그러함이요 천업이라,
중생들은 이에 순응하고, 달인은 이를 초월하나니라."

3

대종사 말씀하시었다.
『배고픈 사람 밥 한 술 주고 옷 없는 사람 옷 한 벌 주는 것도 물론 복이 아닌 것은 아니나, 그 보다도 더 큰 복은 악한 길로 들어가는 사람을 선한 길로 인도해 주는 것이니라.』

4

대종사 말씀하시었다.

『돈 많은 부자와 권위 있는 세력가에서 까딱 잘못하면 죄를 많이 짓게 된다. 어찌 그러하냐 하면 그 돈과 권위를 당연히 쓸 곳에 쓴다면 물론 복이 되겠지만, 그것이 있고 보면 당연과 부당을 취사할 겨를이 없이 생각 내키는 대로 행하기가 쉬운 까닭이라.』

5

대종사 말씀하시었다.

『다른 사람에게 억울한 말을 하여 그 눈에 눈물을 한번 내면 내 눈에서는 다섯 번, 열 번의 눈물 낼 일이 생기나니, 그 이유는 보리씨 한 알에 30알, 40알이 열리는 것과 같고, 남의 돈을 빚내 쓰면 이자가 느는 것과 같은 이치니라. 그런데 세상 사람들이 죄고를 받게 되면 '나는 악한 일이나 죄지은 일이 없는데 저 사람이 못 살게 군다' 고 원망하고 욕하니, 그 얼마나 갑갑한 일인가.

사람이 인과의 진리를 깨지 못하면 죄나 복을 부모나 선영이 주는 줄 알고, 제가 짓고 받는 줄은 전혀 모르나니, 근본을 추구하면 각자가 지은 것이니라. 죄복간에 한번 지어 놓으면 당대에 받을 수도 있고, 기회를 못 만나거나 받고 남은 것이 있으면 내생, 내내생 언제까지든지 청장(淸帳)되기까지는 받게 되나니, 자작지죄(自作之罪)를 그 누구에게 미룰 것인가.

설사 어떠한 선업을 지어 만석 거부나 국왕 재상이 되었다 하더라도, 만일 탐심을 내어 중인에게 해독을 끼쳤다면 당대에도 그 죄업으로 천신만고가 있으려니와 후생에는 아귀보를 면치 못하리니, 설사 재산가에 태어나서 호의호식을 하게 되었다 하더라도 항상 만족치 않고 '더더' 욕심이 치연하면 곧 아귀보라 할 것이요, 또는 가난하여 유리걸식(流離乞食)을 하여도 언제나 주린 창자를 채워보지 못하고 의복이 없어 앞을 가리지 못하는 것은 아귀보이며, 또 같은 소·말·닭·돼지가 되어도 가난한 주인집을 만나 항상 굶주리게 되는 것은 모두다 아귀보이니, 어찌 두렵지 아니하며 조심 할 바 아니랴.」

6

대종사 말씀하시었다.

「어느 큰 사찰 부근에 여자 신도 한 사람이 어육주초로써 여러 승려들을 음탕하게 희롱하여 사원의 재산을 10년 내로 전부 착취하니 그 여자는 일시에 부호가 되고 사원은 빈찰이 되어 결국 여자에게 이용을 당하였는데, 천리가 무심치 아니하여 그 여자가 우연히 병을 얻어 반신불수가 되므로 그간 벌어놓았던 재산 전부를 치료비에 다 쓰고 나중에는 할 수 없이 사원의 처진 음식으로 겨우 생명을 유지하다가 금사망까지 받은 일이 있다 하니 참으로 여러 사람의 성념(誠念)은 무서운 것이다.』

7

대종사 말씀하시었다.

『죄업을 짓는 데는 남의 친절한 사이에 이간을 붙이는 것이 제일 크나 그 중에도 이런 대회상과 정의를 끊게 하여 그 사람의 영생사를 크게 어긋나게 하여 주는 것이 더욱 무서운 죄업이니라.

그 한 실례를 들어 말하건대, 교도 한 가정에서 부부가 서로 재미있게 신앙생활을 하다가 우연히 그 처가 한 교도와 정이 통하여 그 후부터 교중과 발을 끊으며 그 남편에게도 각 방면으로 신성을 타락케 하더니 과연 그의 남편도 교중과 인연이 멀어지어 자연 주색잡기 등으로 가산을 탕진하고 그 처를 매질까지 하여 가정불화가 생겨 일시에 패가망신하여 현세에 그 과보를 받았느니라.』

8

대종사 말씀하시었다.
『한 스님이 편찮아 상좌에게 '약을 지어 오라' 하니 상좌가 퉁명스럽게 받았다.
'생사 해탈한 도인이 무슨 약을 먹습니까?'
스님이 상좌에게 일렀다.
'비오는 날 해녀가 물질하러 가더라도 우산을 쓰고 가는 법이다.' 라고 했다.』

9

대종사 말씀하시었다.
『옛날 무명거사 한 분이 끊임없는 적공을 들이고 있었다. 하루는 아들이 찾아와 말했다.
'아버지, 내일이 할아버지 제삽니다.'

'그러냐, 그러면 가서 제물을 준비해야지'

무명거사는 돈 몇 냥을 가지고 정육점에 가서 청하였다.

'고기를 좀 파시오. 중요한 데 쓸 것이니 기왕이면 정(淨)한 데를 주시오'

백정이 칼을 고기에 내리 꽂으며 말하였다.

'어느 곳이 정하고 어느 곳이 추합니까?'

그 말에 무명거사는 말문이 막혔다.

'그렇지. 어디가 정한 곳이며 어디가 추한 곳인가. 본래 추하고 정한 곳이 없는 자리, 밉고 곱고 가고 오는 것이 없는 자리인 것을'

마침내 무명거사는 한 생각이 열리고 거기서 크게 깨쳤다.」

대종사 무명거사 이야기를 하시고 이어서 말씀하시었다.

『큰 법문만 듣고 도를 깨는 것이 아니다. 자기가 적공을 들이고 들이다 보면 어느 땐가는 깰 때가 있다.』

10

이완철이 대종사께 여쭈었다.

『대종사님께서는 어떠한 방법으로써 세상을 제도하고 중생을 교화하시는 법술(法術)로 삼나이까?』

대종사 답하시었다.

『나는 별로 다른 도리가 없다. 다만, 일일 시시로 모든 지식을 배워서 모든 일에 취사하는 정신을 놓지 아니하노라.』

또 여쭈었다.

『옛 말씀에 선악이 다 나의 스승이라 하였으니, 어찌하여 그러하옵니까? 소자(小子)는 간절히 의심하옵나이다. 선한 일을 본 받는다 함은 가하거니와 악한 일을 어찌 선생 삼겠습니까?』

대종사 답하시었다.

『다 선생이니라. 어찌 다 선생이냐 하면 석가와 공자는 천하에 대(大) 성인이시라. 그 착한 행동으로써 한 회상의 사업을 드러내며 일세(一世)를 명동(鳴動)하시었음에 오늘날까지 일체 사람의 흠모함이 어떠하느냐, 그 흠모하는 마음으로 상당한 발원이 일어나 상당한 사업이 진행되어 '나도 저러한 성인이 되어 보리라' 하는 희망이 모든 사람의 뇌 속에 있게 되니, 이는 천만세에 선(善)으로써 일체 중생을 제도함이요.

조달이와 도척이는 천하에 악인이라. 그 악한 행동으로써 한 세상 사업을 지으며 이름을 드러내었음에 오늘날까지 일체 사람의 증오함이 어떠하느냐. 그 증오하는 마음으로써 두려워하고 감계(鑑戒)하여 '나도 잘못하면 조달이와 도척이가 되겠다' 하는 염려로 선심을 더욱 분발하나니, 이는 천만세에 악으로써 일체 중생을 제도함이니라.

그러면 석가와 공자는 극락에 계시사 극락문을 열고 일체 중생을 극락으로 환영하심이요.
 조달이와 도척이는 지옥에 있으면서 지옥문을 닫고 일체 중생을 지옥에 오지 못하도록 막는 바이니, 그런고로 중생제도가 같이 되나니라.
 그러나 석가와 공자는 다 당신네의 사업을 이루시고 세상의 제도가 되었으므로 성인이라 하고, 조달이와 도척이는 제 사업이 낭패되고 세상만 제도하였으므로 악인이라 하나니, 이 세상을 보면 악으로써 선생 되는 자는 많으나 선으로써 선생 되는 자는 드므나니라.』

11

 황정신행은 교단사업에 많은 힘을 합하였다.
 정신행은 교단 사업을 하면서 이해할 수 없는 일이 있었다.
 예수교에서는 '오른손이 한 것을 왼손이 모르게 하라'는 성경 말씀이 있는데 대종사께서는 일일이 사업성적으로 기록하는 것에 대하여 궁금해 대종사께 여쭈었다.
『왜 여기서는 사업한 것을 기록합니까? 부끄럽습니다.』
 대종사 말씀하시었다.

『사업하는 사람은 무상보시로 해야 하지만 그렇게 할 줄 모르는 사람을 깨우치고 또 격려하기 위해서 그렇게 하는 것이다.』

12

황정신행이 총부에 와보니 모든 사람들이 한결같이 공손하고 겸양하였다.

그러나 자신의 지나온 생활을 생각하면 자신을 시기하는 사람이 어려서부터 많았다. 그래서 대종사께 여쭈니 말씀하시었다.

『오래 참고 견디어 보시오, 한 30년을 놓고 보면 모두 풀립니다.』

『석 달도 어려운데 어떻게 30년씩이나 참습니까?』

『30년이 생각처럼 그렇게 오래 되는 줄 아시오.』

13

대종사 제자들에게 말씀하시었다.

『고창에 김양배라는 서당 도령이 부모 밑에서 글 공부만 하고 자라다 갑자기 부모가 세상을 떠나자 의지할 곳이 없게 되었다. 마침 이웃마을에 과부댁이 있었는데 어린 양배를 데려다가 부리게 되었다.

양배는 꼬마 머슴으로 들어가 성장하게 됨에 따라 기운이 세져 장정일(어른일)을 하게 되어 과부댁 일을 도맡아 하게 되었다. 그가 장가 갈 나이가 되자 과부댁은 직접 신부감을 물색하여 더부살이를 시키기로 하였다.

결혼 날이 되어 양배는 그 곳에서 10리나 떨어진 마을로 장가를 들어 첫날밤을 치르게 되었다. 신랑은 자정이 훨씬 넘어 신방에 들었는데 그때 갑자기 비가 내리쏟기 시작하였다. 김양배는 신부를 시켜 헌옷과 삿갓, 삽 한 자루와 도롱이를 가져오게 하였다. 봄철 내 가물어 이번 비를 놓치면 농사를 그르칠 우려가 있었다. 그는 그곳에서 10리나 떨어진 과부댁의 논까지 가서 물꼬를 막고 논둑을 살펴본 뒤 처가 집에 돌아오니 벌써 날이 밝아오고 있었다.

과부는 전날 잔치로 고단하여 세상모르고 자다가 아침에 일어나서야 단비가 온 줄 알고 '재수가 없으면 뒤로 넘어져도 코가 깨진다더니 하필 간밤에 비가 올 게 뭐람' 하면서 삽을 들고 논에 나가 보았더니 자기 논에만 물이 가득 차 있었다. 가뭄에 논둑이 부실해 다른 논에는 별로 물이 차 있지 않았다.

그 해는 흉년이었는데 과부댁 농사는 평년작에 훨씬 웃도는 풍작을 거두어 들였다. 다른 집 농사는 신통찮아 과부댁은 거두어들인 벼로 빚 놀이를 하여 살림이 그로부터 해마다 무럭무럭 불어났다.

 그러는 가운데 몇 년이 지나갔다. 과부댁은 항상 그때 일을 생각하면 기분이 좋고 그게 도깨비 장난인가 싶어 궁금했다.

 어느 해 칠월 백중날이었다. 백중날은 농사 잘 짓는 머슴을 뽑아 소 등에 태워주고 대접하는 날이다. 밤에 과부댁은 신령님께 농사 잘 짓게 해주십사 제사를 지내기 위해 양배와 마루에 앉아 있고 머슴댁은 부엌에서 음식 장만을 하고 있었다.

 이런 기분 좋은 날이면 가끔 과부댁은 그때를 떠올렸다.

 '자네들 혼사 날 말이네, 밤중에 갑자기 비가 와 어째 우리 논에만 물꼬를 막았을꼬. 그게 말이지, 아무리 생각해도 도깨비 조화일세'

 젯상을 들고 나오다 이 소리를 듣고 있던 양배의 아내가 첫날밤이 생각 나 빙긋이 웃었다. 그것을 본 과부댁이 무슨 곡절이 있을 것이라 하여 다그쳐 물었다. 이리하여 과부댁은 그날 밤에 있었던 모든 일을 알게 되었다. 왜 그래놓고도 한번도 그 이야기를 하지 않았느냐고 질책을 해도 양배는 빙긋이 웃기만 하였다.

 과부댁은 그날 밤잠을 자지 못하였다. 만일 그때 논물을 막지 못했더라면 천수답이니 폐농을 면치 못했을 것이고, 잘해야 평년작이었을 것이다. 평년작을 했다고 가정하고 그 이상의 수확은 순전히 머슴의 덕이다. 저 사람이 안식구를 데리고 온 이후 풍작이었지 한번도 평년작 이하로 떨어져 본적이 없지 않은가. 이런 생각을 하게 되어, 평년작 이상의 소출을 원금으로 이자를 계산하고, 또 원금에 이자를 계산해보니 270석이 되었다.(당시는 이자가 곱리 이며, 1년에 배씩 늘렸다.)

다음날 아침 과부댁은 김양배 부부를 불러놓고

'자네 덕분에 나는 근동에서 부자 소리 듣고 사네, 더구나 그때 그토록 고마운 일을 해놓고도 지금껏 말 한마디 않고 자네 부부가 이토록 내 살림을 열심히 해주어 고맙네. 그런데 그때 막아 준 논물 덕분에 더 수확을 하게 된 것은 내 것이 아니라 자네 것이니 자네에게 돌려주겠네. 그때부터 지금까지 수입을 계산해보니 270석이고 거기다 고마워서 내가 30석을 더 보태 300석을 자네에게 주겠네' 하고 300석을 바로 주었다 한다.』

14

대종사 말씀하시었다.

『중생 제도를 잘 하고 싶지만 중생이 말을 듣지 않고 반드시 죄를 받은 후에야 각성이 생기므로 부득불 악을 범하는 것을 보고도 그대로 두고 보는 것이다.』

15

운봉에 사는 조갑순은 교당에 다니는 것을 반대하는 남편에게 남원 친정에 간다고 거짓말을 하고 익산 총부에 왔다. 대종사께 이런 사연을 말씀드리자 크게 웃으시며 말씀하시었다.
『내가 30 계문을 내놓으면서 거짓말을 하지 말라 했지만, 그런 거짓말은 한 달에 한 번씩만 하고 오라.』

16

조갑순은 아이들을 재워놓고 공회당으로 나갔다. 아이가 깰까봐 입구에 앉아 있는데 대종사께서 들어오셨다. 대중들이 일어나 합장하고 인사를 올리고 자리에 앉자 대종사 법장을 세 번 울리신 다음 손을 이마에 대시고 남자 대중 석으로부터 여자 대중 석을 한바퀴 둘러보시는데 조갑순은 놀라울 만큼 번쩍 하는 안광을 보고 어제 조실에서 뵈 온 것과는 다른 무서운 어른이라는 것을 느꼈다.

　대종사께서 법문 말씀을 하시는데 앞줄에 앉은 할머니들이 무수히 절을 하니 대종사 말씀하시었다.

　『저 보살들이 저렇게 절을 하니 내생에는 간지대같이 크면 어쩔까?』

　이어서 말씀하시었다.

　『내가 돈을 받고 말을 하면 귀담아 들을 텐데 나는 공짜로 말을 하니 저 사람들이 한쪽 귀로 듣고 한쪽 귀로 흘러버려, 값어치 없이 들어』

17

대종사께서 법설하실 때 빈자리가 남아 있으면 전삼삼이 대종사 앞으로 나와 절을 했다.

　어린 손녀 전팔근은 할머니가 대종사 법설하실 때마다 절하는 것이 좀 창피했다.

　그리하여 아버지인 전음광에게 말했다.

　『아버지, 할머니가 절하면 부끄러우니 나오시지 못하게 해요.』 음광이 웃으며 딸에게 일렀다.

『할머니가 조실 할아버지께 절하시는 건 좋은 일이다. 후생에 좋은 인연을 건단다.』

18

조전권이 대종사께 여쭈었다.

『사람이 어떻게 하면 인물을 잘 타고 날 수 있을까요?』

『인물이 너무 잘 생겨도 못 쓴다. 죄짓기 쉽다. 사람이 인물 잘 나기 위해서는 다음의 몇 가지를 노력해야 할 것이다.

먼저 안으로 진심(瞋心)을 내지 말고 항상 즐거운 마음을 가질 것, 선정(禪定)을 많이 하여 마음 소제를 잘 할 것, 원근 친소에 끌리지 말고 마음을 원만하고 바르게 쓸 것, 살생 계문을 잘 지킬 것 등이다.

다음에는 밖으로 이타심을 가져 남의 마음을 즐겁게 해 줄 것, 집안 청소와 정리 정돈을 잘 할 것, 인물 도본을 잘 낼 것 등이다.』

19

 대종사 얼굴 찌푸리는 제자를 보시며 말씀하시었다.
『저 놈이 사람이냐 개냐! 어찌 찡그릴 것이 있느냐! 웃고 살아야지』

20

 황정신행이 운영하는 동대문 순천상회가 잘 되어 경제적 어려움이 없었다.
 그러나 가정관계는 원만하지 못했다.
 가족을 화목하게 이끌며 행복한 가정을 이루려는 정신행의 생각과는 달리 남편인 강익하는 주색에 흐르고 있었다.
 정신행이 총부에 와 답답한 심경을 대종사께 울면서 말하자 대종사 말씀하시었다.
『정신행씨가 똑똑한 줄 알았는데 똑똑하지 못합니다.』
 이어 말씀하시었다.
『강익하씨 좋은 사람이니 좀 위해 주시오』
 하신 후 대종사 사사불공법에 대하여 말씀하시며 정신행을 깨우쳐 주시었다.

21

원기 26년, 대종사 이리 교당을 찾으셨다.
점심 공양을 올리니 대종사 공양 후 밥상을 물리시며 말씀하시었다.
『이 밥 한술씩 나누어 드시오. 인연이나 짓게.』
대종사의 말씀이 떨어지기가 무섭게 서로가 한술씩 더 먹으려 했다.

22

정산종사가 말했다.
『대종사께서 이 회상 여실 준비로 이 땅에 여러 번 나오셨나니 나옹 대사·진묵 대사·영운 조사는 물론, 드러나지 않게도 여러 번 나시어 미리 인연을 이 땅에 심으셨느니라.』
이어 말씀하시었다.
『과거에는 교통이 불편하고 인지가 몽매하므로 불보살들이 한 지역씩을 맡아 수생하셨지마는 현재와 미래에는 세계가 이웃처럼 가까워져서 모든 불보살들이 한 곳에 모이기도 한다.』

23

대종사 말씀하시었다.
『융희 황제의 전생이 나환자였다. 그때 절에서 수양을 하였는데, 방심이나 좌절없이 준비했기에 다음 생에 황제가 되었다.』

24

대종사 만덕산에서 최초의 선을 나실 때 말씀하시었다.
『살생을 말라. 그러나 세 사람 손 건넨 것은 먹어도 좋다.』

25

원기 25년 9월, 대종사 김형오를 시켜 순사 황이천을 부르시었다. 대종사 조실에서 이천과 저녁 공양을 하시면서 말씀하시었다.
『이천, 내가 살아보니 세상이란 퍽 허망한 것으로 곧 늙는 것이네.』

『그렇죠, 세상은 허망하다는 것 아닙니까.』

『그런데 이천이도 지금은 젊으나 곧 늙어, 그러니 장래 생활 계획이라도 세워야 아이들도 교육시키고 하지, 노상 친구만 좋다 하여 핑하니 놀러만 다니고 그러면 쓰겠느냐. 또 부인 도운이가 심상이 좋아서 장차 자녀를 두면 훌륭한 자녀를 두게 될 것이니, 내 말을 헛되이 듣지 마소.

이천, 이천이 아는 바와 같이 내가 여러 가지 직업을 시험해 보니 그 중에서도 과수 재배가 제일 나아. 그러니 이천도 과원이나 하나 만들어 보도록 하지.』

『땅도 없고 돈도 없고 맨손으로 어떻게 과수원을 만듭니까?』

『그렇지, 내가 여기 가만히 앉아서 들으니 이천을 나쁘다고 소리하는 사람이 없어. 이런 때 무슨 일이라도 하려고 하면 대중이 다 위해 주는 수가 있어.』

『대종사님도 참 깝깝 하십니다. 아무 것도 없는 사람이 마음만 먹고 있으면 된단 말씀이십니까?』

『그렇고 말고, 세상사가 꼭 돈만 가지고 되는 것은 아니야, 대중이 옹호해주면 자연적으로 되는 수가 있네.』

이천은 대종사의 말씀을 듣고 과수원을 물색하였다.

여러 사람의 도움을 받아 토지를 외상으로 얻고 금융조합에서 대부를 받아 과수원 3정보를 확보하였다. 그리하여 가정 안정의 토대를 이루었다.

이천은 다시금 대종사의 위대하심을 느끼게 되었다.

26

대종사 말씀하시었다.
『증산선생이 본의 아니게 살인한 일이 있었다. 아주 몹쓸 여자를 보고 '저 벼락 맞을 년 봐라' 했더니 그 여자가 벼락을 맞아 죽었단다. 그 사람을 안타깝게 여겨 제도할 망정 미워하지 마라. 부처님이 조달이를 미워하면 당장 죽는다. 대인은 미워하면 못 쓴다. 천지 대권을 가진 사람이 말을 함부로 하면 못쓴다.』

27

대종사 평소에 제자들에게 강조하시며 말씀하시었다.
『아무리 한 때에 악을 범한 사람이라도 진심으로 참회 개과하고 앞으로 죄를 짓지 않으려고 공(功)을 쌓으면 몸에 살기(殺氣)와 악기(惡氣)가 풀어지고 화기(和氣)가 감싸 돌아서 그 앞길이 광명하게 열릴 것이요, 그 반면에 아무리 한 때에 선을 지은 사람이라도 내심에 원망과 남을 해하려는 악심을 품으면 그 몸의 주위에 살기와 악기가 싸고 돌아서 그 앞길이 암담하게 막혀 버리니라.』

28

원기 26년 9월 20일(음) 저녁 8시경에 논산군 벌곡면 덕곡리에 있는 영흥사의 72세와 60세인 스님 2명이 굶주리고 헐벗어 바람에 넘어져 벌곡면 신리 도로가에서 죽어 가는 것을 발견했다. 총부에서 임원들이 출동하여 총부 응접실로 데리고 와 8일간 약과 미음으로 힘껏 구호한 결과 몸이 회복되어 영흥사로 돌아가려 하였다.

그러나 바꾸어 입을 옷이 없는 것을 알으신 대종사께서 친히 입으시던 의복 한 벌과 차비 일체를 주어 영흥사로 돌아가게 하였다.

29

평양의 한 부호가 오 백석 이라는 재물을 보시하여 기념관을 짓는데 큰 보탬이 되자 건축 당시에는 사회객(社會客)들이 친자손 이상으로 친절히 대하고 드나들었으나 막상 기념관의 건축이 끝나자 태도가 달라지고 소원하게 대하는지라 일 평생 죽을 때까지 좋은 대접을 받을 줄로만 알았던 것이 뜻대로 되지 않아 후회를 했다는 이야기를 대종사 들으시고 말씀하시었다.

『중생들은 자리이타(自利利他)나 자해타해(自害他害)가 되지 못하면 후회하나니, 그러므로 너희들은 공부와 사업을 하는 가운데 어떠한 고(苦)가 있더라도 결코 그 전에 한 것을 후회하지 말라.』

또 정녀들에게 말씀하시었다.

『너희들도 처녀의 몸으로 일생을 바쳤는데, 늙어서 대우가 없다하여 후회를 하려거든 모두들 일찌감치 보따리를 싸서 돌아가라. 인생은 공수래(空手來) 공수거(空手去)니라.』

30

김형오는 어느 여름 그믐날 밤에 대종사께서 부르시어 조실로 갔다. 대종사 현관에서 계시다가 말씀하시었다.

『너 저기 새말 뽕나무밭 저쪽에 사람이 죽어 있는데 모르느냐?』

그곳은 솔밭 길로 인가도 없고 도적들이 나오곤 했던 곳이다.

이어서 대종사 말씀하시었다.

『도가(道家) 주변에 사람이 죽어 있다는 것은 생각해 볼 일이다. 송장이 있거든 치우고 오너라.』

형오가 잠깐 주저 주저하고 있으니 말씀하시었다.

『너, 무슨 생각하느냐? 영혼이 빠지면 썩은 생선 같은 건데 무섭느냐?』

『아, 아닙니다.』

『가거라, 어서 가거라.』

『예. 가겠습니다.』

형오는 나와서 생각해보니 부장실로 가 동료들에게 가자 이야기 해봤자 곧이 들을 사람이 없겠다 싶어 혼자 나갔다. 어두웠지만 좌우간 혼자서 가다 형오는 한 꾀가 생각 나 김일현 (현 요양원 앞)의 집으로 갔다.

『일현씨, 계시오?』

『이 밤중에 누구시다요?』

『나요, 새말 송장 있다는 거 아요?』

『뭔 송장을?』

『조실에서 일현씨 데리고 같이 가 치우랍니다. 어서 갑시다.』

『아니, 참말이요?』

『아니, 내가 조실 팔아 거짓말하겠오.』

『그럼 가야제.』

둘은 호롱불을 들고 니어카를 끌고 갔다. 막이 하나 있어 거적문을 젖히니 송장이 하나 있었다. 형오가 일현에게 말했다.

『내가 등(호롱불) 들고 있을 테니 끄집어 내시요.』

일현이 주춤거리자 형오는 같이 들어가서 끄집어내 송장을 가마니에 묶어서 니어카에 실었다. 형오는 꾀를 내어 등을 들고 뒤에서 니어카를 밀고 가다가 엎어지는 바람에 그만 송장과 얼굴을 맞대고 말았다. 꽃밭재에 있는 공동묘지에 매장을 하고 오니 밤 11시경이 되었다.

형오는 일현에게 거짓말한 것 등의 경과보고를 대종사께 밝은 날에 하려고 하였다. 그러나 그때까지 대종사 주무시지 않으시고 조실 앞에서 왔다갔다 하시며 기다리고 계셨다.

형오가 대종사께 말했다.

『거짓말하고 일현이 데리고 갔습니다.』

『잘했다. 임자 없는 송장 치우고 나니 얼마나 상쾌하고 좋은 일이냐. 남이 하지 못하는 어려운 일을 솔선 수범하는 것이 전무출신이 하는 일이다.』

31

대종사 말씀하시었다.

『좋지 않은 벗을 따라 놀지 말고 본회의 착한 벗들을 따라서 노는 것이 좋다. 그러나 입회인은 착한 일을 하고자 하나 모두가 착하지는 아니하므로 그 중에는 반드시 신용 없는 자도 있다. 만약 빌려준 돈을 반환하지 못하게 되면 미안해서 왕래를 하지 않는 자 도 있다.

가까운 벗 사이에 소소한 금전으로 인하여 지우(志友)간에 의리가 손상되서는 아니 되므로 이 가운데에도 신용 있는 자는 예전같이 하고, 금전으로 인하여 다투어 타인의 눈에 오르지 아니하게 하고, 금전을 빌린 자는 기한 내에 반환 못하는 일이 없도록 해야한다.』

32

원기 7년 11월(음), 대종사 봉래정사에 계시었다. 어느 날 저녁에 모든 제자들이 모여 앉아서 법설 하시기를 고요히 기다리고 있었다.

이때 대종사 일반 대중을 향하여 물으시었다.

『제군이여, 제군은 만사가 저의 짓는 대로 보복됨을 아느냐, 그것이 쉬운 듯 하여도 어려운 것이다 말하는 자는 많으나 실행하는 자는 드므나니, 말하면서 실행치 못하는 것은 참으로 확실히 보복되는 이치를 밝히 알지 못한 연고다. 내가 지금 말하려 하는 것은 제군들과 더불어 그에 관한 진리를 밝혀 보려 하노라.』

대종사 말씀을 계속하시었다.

『대범, 사람이 제가 스스로 높은 체 하는 자는 반드시 낮아지고, 제가 스스로 이기고자 하는 자는 반드시 패하게 되고, 제가 스스로 남을 가르치고자 하는 자는 반드시 배우게 되나니, 이것은 내가 그 마음을 가지고 있으면 저 사람도 또한 그 마음을 가지고 나를 대하는 연고이니라. 그런고로 군자는 다른 사람의 몸을 굽히려 할진대 먼저 나의 몸을 굽혀주며, 다른 사람을 이기려 할진대 내가 먼저 굴(屈)할 때에 굴할 줄을 알며, 다른 사람을 가르치려 할진대 내가 먼저 배우기를 좋아 하나니라.

제군이여! 제군에게 간절히 이르노니, 삼가이 남의 덕을 바라지 말고 나의 덕을 남에게 베풀기만 하라. 짓지 아니하고 바라면 덕이 오지 아니하고 원망이 오나니라. 삼가이 남의 사랑을 바라지 말고 내가 남을 사랑하기만 하라. 내가 사랑하지 아니하고 남의 사랑을 바라면 사랑이 오지 아니하고 미움이 오나니라. 그러나 스스로 실행하는 사람에게는 바라지 아니하여도 자연히 돌아오는 것이 정리(定理)이니라.

　제군이여, 다른 사람들은 내가 주는 그대로 도로 나를 주나니라.』

33

　원기 8년 3월 초에 대종사 봉래정사로 부터 영산에 가셨다가 동년 5월에 봉래산(변산)으로 다시 돌아오시었다.

　대종사 다음날에 모든 제자들에게 말씀하시었다.

　『내가 지난번에 영산에 갈 때에는 초목이 미발(未發)하여 도로가 분명하더니, 이번에 올 때에는 녹음이 우거져서 도로가 진황(陳荒)하였으며, 전일 황산(黃山)이 금일의 청산(靑山)이 되었거늘, 나는 이것을 보고 우연한 생각이 일어났었다. 앞날에 있던 산하 대지가 아니고, 다른 산하 대지가 나타나서 이러한가? 아니다. 산하 대지는 항상 그 산하 대지로되, 태도(態度)를 변하여 이와 같이 되었도다. 그러나 누가 이 변태(變態)되는 이치를 알리요.』

인과의 원리

34

 원기 23년 1월 5일, 제 25회 정축(丁丑) 동선 중에 대종사 선원에 나오시어 일반선원에게 물으시었다.

『수도인은 과거의 죄업을 십중팔구는 멸도 시키는 진리가 있으니 답하여 보라.』

 두 세 명의 대답이 있은 후 대종사 간단히 말씀하시었다.

『죄업을 멸도 시키는 데에는 상·중·하근기가 다른 점이 있나니라.

 상근기 자로 말하면

 1. 육도 변화의 진리를 알아서 죄업 될 인(因)을 짓지 않음으로써 반으로 줄인다.

 2. 인과의 이치를 알아서 반복치 않는다.

 3. 고락을 초월하여 괴로운 과보를 받을 때에는 오히려 달게 받나니라.

 중근기 자는

 1. 인과의 이치를 알고 정진수행하여 악도에 들지 않으므로 인도에 상생(常生)하여 과보를 적게 받는다.

 2. 인도수생 자는 높은 자리라 능히 상대를 못하므로 적게 받게된다.

 3. 덕행이 넓어서 중인에게까지 미치매 중인이 능히 비방하

지 못한다.

　하근기 자는 우매하여 죄업만 짓는 고로 충분히 더불어 말할 수 없나니라.」

35

　원기 23년 2월 21일, 대종사 총부선원에 나오시어 말씀하시었다.

　『사람을 볼 때에 어찌하면 흥하고 망하는가, 다툼이 생기고 편안함이 생기는 근원을 헤아려보면 삼대력에 있다. 부족함을 삼학으로 건너라.

　세상을 볼 때에 어찌하면 흥하고 망하느냐! 극하면 멸(滅)한다. 이는 사은사요를 가지고 다스리면 된다.」

　대종사 그날 밤 다시 선원에 나오시어 말씀하시었다.

　『현재 세 사람이 조용히 앉아 있으나 겉으로는 비록 같은 마음이라도 속마음이 각각 달라서 마음을 닦고 연구하려 왔으나 허망하게 앉아 있다면 10년 뒤에는 서로 노력한 것이 멀어져서 성과가 다르다. 발원한 것은 반드시 이루도록 하라.」

36

원기 23년 3월 4일, 대종사 총부선원에 나오시어 말씀하시었다.

『개인에게도 흥망이 있다. 사람들은 지은 죄를 받지 않고 극락에 가기를 원하며 지옥에 가기를 싫어 하나, 현재의 고락 바탕은 자기의 마음에 달려있다. 자각 후에 옛 경전을 참조하여 더욱 지혜를 얻으면 좋다.

고(苦)받는 원인은 세 가지의 강령에 의한 것이다.

① 일심이 아니 되고 마음이 동(動)하며

② 고락의 결과를 모르는 것이며

③ 먼저 고통받을 일을 행하지 않아야 후에 낙이 오는 것을 모르는 것이다.

이는 만사불변이다. 그럼으로 마음을 먼저 잘 알아야 한다.

본회 공부법은 마음이 변함없이 전일하여 고를 알고 실행 한 뒤에 성공하게 된다. 모든 직업이나 타종교도 모두 이와 같다.

만약 후에 고를 받을지라도 동정간에 밝게 계·정·혜의 3대력을 얻어라.

과거에는 세간을 떠나야 공부를 한다고 했으나 본회는 그렇지 않다. 시장에서 만난 사람도 이 법과 인연이 있으니 반드시 언제나 선(善) 공부를 하라.』

37

원기 24년 1월, 대종사 원단의 첫 법설을 하시었다.

『오늘로 말하면 과거 1년을 회고하여 잘못된 일이 있었으면 참회개과 하고 미래 1년의 예산을 편성하여 심중에 희망과 계획한 바를 마음깊이 결정도 하고 혹은 대중 앞에서 발표 또는 맹세도 하여 앞으로 할 일을 작정하는 날이니, 제군은 이 날을 또한 범연히 넘기지 말고 오직 의미 깊고 유효하게 보내기를 다시금 부탁하여 마지않는다.』

38

원기 23년 3월 26일, 김영화가 대종사께 찾아와 여쭈었다.

『어떻게 하여야 주색을 끊으오리까?』

대종사 말씀하시었다.

『주색욕을 버리는 것은 좋은 것이다. 그러하려면 나를 편안하게 가까이 하는 것이 좋을 것이다.』

39

 황정신행이 이리역에 내려 교통이 어려워 인력거를 타고 총부에 왔다. 정신행이 인력거를 타고 총부에 오는 것을 본 대종사 말씀하시었다.
 『이제 여기 올 때면 인력거는 타고 오지 마시오.』
 『그러면 어떻게 들어옵니까?』
 『기계는 괜찮지만 인력거는 사람이 끄는 것이라 이 다음에 땀 날 때가 있을 것이요.』
 『남들도 다 타는데요.』
 『차차 내 말을 이해하게 될 때가 있을 것이요.』
 정신행은 그때는 이해가 안되었지만 살아가면서 대종사의 말뜻을 이해하게 되었다.

40

 대종사 말씀하시었다.
 『대소유무(大小有無)의 천도(天道)를 아는 것이 견성이며 시비이해(是非利害)는 인도(人道)이다. 대와 소를 보고 시비를 짓지 않으면 생사(生死)의 인과를 깨달은 것이다. 시비란 곧 법률

도덕이니라.』

41

대종사 말씀하시었다.

『농사짓는 자가 지나치게 자신만이 취하려 하면 소작도 못하고 일을 망치게 된다. 이것이 탐(貪)이다.

장사하는 자가 힘들이지 않고 단번에 많은 재물을 얻으려는 것이 탐이다.

만족함을 모르는 자는 구걸 거리며, 늘리어 얻고자 함으로 탐자(貪者)가 되나니라.』

42

대종사 말씀하시었다.

『만약 금은이나 보패 또는 시계나 반지 등에 정신을 만약 잃게 되면 모든 악의 근본이 되고, 정신을 잃고 물질을 구하면 결국 도둑과 불효 등을 저지르게 된다.』

43

대종사 말씀하시었다.
『죄복과 남녀와 귀천의 법칙이 있나니 이 도를 깨달음을 도에 통했다고 이른다.』

44

한 스님이 총부를 방문하니 대종사께서 친히 응접을 하시며 안내하므로 시자가 대종사께 말했다.
『그렇게까지 하실 것이 뭐 있습니까?』
『응, 그래야 한다』시며 대종사 끝까지 친절히 대하셨다.
그 스님이 돌아가서 『과연 생불님 이시더라』며 선전하였다.

45

대종사 변산 봉래정사에 계실 때 처음에는 백학명, 한만허 선사 등과 종종 격외 문답을 하시었으나 차츰 격외법을 냉담해 했다. 그러자 학명선사는 대종사를 견성 도인으로도 알지 않고 부덕인(富德人)으로만 알았다.

그러나 대종사 문하에 시봉 하던 제자들은 견성 도인으로 인가해 알으셨다.

문정규에게 도를 물었을때 스님 입을 막아버리니 인가했다.

장적조에게 '배타고 오는데 바다 고기 몇 마리냐?' 는 물음에 '한 마리라' 하니 인가했다.

오창건은 '일봉타파일원상(一棒打破一圓相) 타파연후부일원(打破然後復一圓)' 이라는 시를 보고 인가했다.

김기천도 시를 보고 인가했다.

송규는 몰라보고 송도성과 바꾸자고 했다.

46

김영신의 가족은 대각교 포교당에 20 여년을 다니며 백용성 스님의 지도를 받았었다.

영신의 가족은 대종사께 귀의하면서 포교당을 등한시하자 신 불교 다닌다는 소문이 신도들 사이에 퍼졌다.

하루는 대종사 엄중하게 말씀하시었다.

『거기는 떼라.』

영신 가족은 섭섭했다. 포교당에도 다니고 불법연구회도 다니면 좋을 텐데 지금까지 다니던 곳을 끊어버리면 괜찮을까 하는 걱정을 하자 대종사 말씀하시었다.

『그 죄는 내가 다 받을 테니 나에게 일임하라.』

그 뒤 포교당에 나가질 않자 대각교 신도 백 여명이 찾아와 소동을 벌였다.

영신 가족이 포교당에 다니는 것을 끊고 대종사의 가르침을 받기 시작하면서 의식생활에 변화가 생기었다.

포교당에 불공을 드리러 갈 때에는 소복을 입고 항상 다녀 〈불법연구회〉 올 때도 소복을 입자 대종사 '소복대신 회색 옷을 입으라' 하여 개량하였다.

또 육류라면 먹지 않는 것을 보신 대종사 말씀하시었다.

『니가 나중에 어느 회원 집에 가서 고기반찬이 나왔는데 이것도 안 먹고 저것도 안 먹고 하면 어떻게 교화하겠느냐.』

대종사의 말씀을 받든 영신이 여쭈었다.

『하지만 부처님께 고기 안 먹기로 맹세하였는데 죄를 지으면 어떡해요..』

『죄는 내가 맡을 테니 먹어라.』

이 후로 영신은 음식을 가리지 않고 먹었다.

47

 박장식이 출가하여 총부에 왔다. 대종사 평소에 영산지부장으로 가 있는 정산에 대하여 항상 칭찬을 했다. 장식은 한번도 보지 못한 정산이 누구인지 궁금했다.

 원기 27년 대종사 정산을 총부교감으로 인사발령을 냈다. 그리하여 정산종사가 총부에 와 대종사께 『저 왔습니다』하고 인사 드리니 대종사 말씀하시었다.

 『너 왔느냐!』

 한 마디 뿐이었다. 장식은 평소 칭찬에 비해 너무 담담해 싱겁기까지 했다.

평상시 하는 말과 생각이 기도이다.

의심(疑心)도 상당(相當)한 의심이 있고
부당한 의심이 있으며,
분심(忿心)도 상당한 분심이 있고
부당한 분심이 있거늘
사람들은 흔히 그 부당한 것을 취하여 스스로 멸망에 이르나니,
어찌하여 그 이로움은 놓고 해로움만 취하는고,
이는 다 배움과 연구가 없는 소치이니라.
-본문 중에서-

1

　대종사 말씀하시었다.

　『현재 보통사람의 행사를 보니 대개는 공부와 사업이나 기타 무슨 일을 하는 데에 긴 시일과 노력을 들이지 않고 단번에 큰 성과를 바라는 사람이 많나니 이는 실로 큰 사업과 훌륭한 공부 방법을 모르는 이라. 왜 그러냐 하면, 세상 모든 일이나 모든 물건이 처음부터 커진 것이 무엇이 있는가?

　생각하여 보라. 모두가 적은 데에서 커진 것 외에는 다른 도리가 없나니, 이에 몇 가지 예를 들자면 강하(江河)와 같은 많은 물은 적은 시냇물이 모이고 모여서 된 것이요. 9층이나 높은 탑도 한 두 개의 작은 돌이 쌓이고 쌓인 것이며, 천리의 먼길을 가는 것도 한 걸음 두 걸음으로부터 시작된 것이라. 그러므로, 나는 적은 것이 커지는 것을 천리의 원칙이라 하노라.

　이 세상에 드러나는 불교나 예수교의 역사를 보더라도 초창시에는 그 힘이 심히 약하였으나, 장구한 시일이 지나는 동안에 그 세력이 점차 확장되어 오늘에는 편만천하(遍滿天下)의 대종교가 되었으며, 또는 공부 방면만 말하더라도 큰 도력을 모은 불보살들이 단번에 큰 도를 얻은 것이 아니라 겁겁 다생을 두고 닦고 또 닦아서 적은 힘이 쌓이고 쌓인 결과에 된 것이니, 그대들도 무엇을 하든지 처음부터 급속히 확장하지 말고 점진적으로 그 세력을 키워 완전한 성과를 얻도록 까지 노력하라.

　우리 회상을 창조하는 데에도 이소성대의 정신으로써 사심 없는 노력을 계속한다면 결국 무위이화의 대 성과를 보게 될 것이요, 또는 공부하는 데에도 스승의 지도에 복종하며 순서를 밟아 진행하고 보면 마침내 대 성공의 지경에 당할 것이나, 만일 그렇지 아니하고 염불이나 좌선만으로 단시일에 큰 도력을 얻고자 하면 이는 한갓 우치한 욕심이요 역리의 일이니, 아무리 애를 쓰되 헛되이 시일만 보내게 될 것이다.

　큰 도력을 얻는 데에도 그 순서가 있어서 적은 힘으로부터 큰 힘을 쌓지 아니하면 결코 성공을 하기 어렵나니 동정간에 쉬지 아니하는 공부법을 알아서 오래 오래 계속하면 점차로 삼대력이 완성되어 삼계대권을 장중에 쥐게 되고 육도사생을 자유

자재 하는 능력을 얻게 될 것이다.

그런즉 그대들은 공부나 사업이나 기타 무슨 일이든지 허영심과 욕속심에 끌리지 말고 위에 말한 바와 같이 이소성대의 원칙에 따라서 소기의 목적을 어김없이 성취하기를 바라노라.」

2

일원상에 대하여
신앙의 대상

일원상이 부처가 아니다. 우주만물이 부처인 줄을 가르치기 위해서 강연히 도면으로 그린 것이다. 등상불이 들어서 죄주고 복주는 증거를 알려주기가 어렵다. 오득(悟得)한 자는 아나 어리석은 자는 모른다.

진리불을 모시고 신앙한다. 이 일원상이 진리불이 아니다. 천지만물이 곧 진리불이요, 곧 우주만상이 나타나 있는 것이 진리요, 우리집에서는 이 진리다. 유교에서 이것을 가로되 태극, 노자는 천지의 모(母), 불교는 청정법신 비로자나불, 일본에서는 대일여래(大日如來), 중국은 일원상이라 한다. 그러나 이 일원이 부처가 아니라 일부분이다.

문 : 어찌 우주만물이 진리요, 불(佛)인 줄로 압니까?

답 : 그것은 공부하여야 한다.

일원상이 사은이다. 복불복, 죄불죄를 말한다. 우주만물은 진리불의 화신이다.

만생은 정치와 종교로써 제도한다.

3

강령적

1. 석가모니불 한 분을 신앙의 대상으로 모시는 것보다도 우주만물을 모두 진리의 화신불로 모시고 신앙을 하자는 것이다.

2. 고가 오고 낙이 오는 그 근본자리를 본다 하여도 석가모니불 한 분에서만 돌아오는 것이 아니라, 우주만물에게서 오는 연고이니라, '일체유심조'로 우리가 이 세상에 나와서 일체 만물에게 지었다 받을 때도 만물에게 받는 것이 진리다. 진리불이 죄복을 주는 것이지, 석가모니불은 고락의 길을 가르쳐 주셨지 석가모니불이 주시는게 아니다.

4

삼대력

수양력 = 동정의 자유 = 마음을 마음대로 사용(定)

연구력 = 말이나 글을 써 보아서 능한 사람, 또는 진리를 아는 사람이 듣고 트집잡지 못하게 된 사람.

취사력 = 사람이 다니면 그 그림자가 따르듯이 육근을 동작하면 반드시 그 결과가 나타난다. 그리하여 놓은 것을 법도 있는 사람이 보고 책(責) 잡을 데 없도록 하여 놓은 것이다.

5

대종사 문을 열으시고 뜰(庭) 앞에 큰 물결을 이루듯 피어있는 배(梨)꽃을 보시다가 오창건에게 물으시었다.

『저 배나무에도 체(體)와 용(用)이 있겠는가?』

『예, 있습니다.』

『그러면 체와 용을 구별하여 말하여 보게.』

『뿌리는 체가 되옵고, 꽃과 엽(葉)은 용이 되겠습니다.』

『만약 추절(秋節)을 당하여 꽃과 잎이 없어지는 때에는 무엇이 용인가?』

『그 때에는 용이 체에 돌아와 합하는 고로 용은 없어지고, 다만 체만 남아있습니다.』

『그런 식물은 그만두고, 동물로 말하여 보자. 근일에 산승 김성연이가 사망하였으니, 그 사람으로 말하면 무엇이 체며 무엇이 용이겠느냐?』

『사망이라 하면 용이 돌아가 체에 합한 것이니, 용은 없어지고 다만 체만 있나이다.』

『체가 어느 곳에 있느냐?』

『포태 중(유언무극猶言无極)에 있습니다.』

『지금 절후(節候)는 무슨 절후이냐?』

『상강(霜降)절후 이옵나이다.』

『어느 때가 되면 다시 세상에 나올까?』

『춘분 절후가 되면 나오겠습니다.』

『창건의 말이 근가 하나, 한가지 뜻이 드러나지 못하였다.』

하시고, 인하여 대종사 말씀하시었다.

『사람이 살았을 때, 마음에 선악간 무슨 발원이 있어서 미망(未忘)한 생각을 두고 정신을 전일 하게 하여 가지고 가면 반드시 곧 돌아올 기한이 있지만, 만일 이 세상에서 발원 세운 바가 없고 줏대 없는 흩어진 정신으로 가면 무엇으로 인하여 생기를 얻어서 다시 세상에 출현하리요, 이것이 곧 가로되, 무간(無間) 지옥이니라.』

6

대종사 황정신행에게 말씀하시었다.
『평상시 하는 말과 생각이 기도이다.』

7

대종사 남녀제자들에게 말씀하시었다.
『너희가 이 공부만 잘 하여 보아라. 나중에 〈불법연구회〉 사당에 들어가게 되면 각국 나라에서 사람들이 백인종도, 흑인종도, 홍인종도 와 가지고 이 법을 받으러 와서 사당문을 열고 절을 하면서 인사할 것이다. 지금 여기 모인 너희가 사실 농촌에서 초등학교 겨우 나온 사람도 있고 그것도 못 나온 사람도 있지만 앞으로 한몫 크게 써먹을 것이다.

정산(송규)이나 나는 대학을 안 나왔으나 우주 대자연의 진리를 깨닫고 나니까 너희들이 사방에서 나를 찾아온 것이 아니냐? 사실 너희들이 이 회상을 못 만나 농촌에서 평생을 살았다면, 우습게 말하면 남자는 배추씨 장사나 하였을 것이고, 여자는 남자의 시종꾼 노릇이나 식모 노릇밖에 더 못하였을 텐데 어쩌다 다행히도 이 회상을 만나서 세계의 조상이 되었으니, 얼마나 기쁘고 다행한 일이야. '인재명(人在名)이요, 호재피(虎在皮)라' 하였으나 아무 공로도 없이 대중에게 인사만 받게되면 등골에서 땀이 날 것이다. 그러니 가치 있게 살고 가치 있게 죽어야 한다.』

8

대종사 대각을 하신 후 어느날 소강절의 글을 말씀하시었다.
『정리건곤대(靜裡乾坤大)요
한중일월장(閑中日月長)이라.』
"고요함 속에서 건곤이 크고, 한가한 가운데 해와 달이 길더라."

9

대종사 말씀하시었다.
『허령이 열릴 때를 조심해야 한다. 허령이 열리게 되면 저 자신 하나만 그르치고 말면 괜찮으나 남의 일생을 그르칠까 무섭다.

삼학을 병진해야 한다. 한편에 치우치면 대원정각의 길이 막힌다.』

10

대종사 하루는 송도성에게 물으시었다.

『네가 희노애락의 대소(大小)를 아느냐?』

도성이 대답하였다.

『알지 못하나이다.』

대종사 말씀하시었다.

『대범, 희노애락이 대소가 있으니, 대(大)자라 하는 것은 대소유무와 시비이해를 알아 가지고 당연한 일에 쓰는 것이요, 소(小)자라 하는 것은 대소유무와 시비이해를 모르고 쓰는 데 조백(早白)*이 없는 것이니라.

또는 재주로도 대소가 있거늘 사람마다 작은 재주를 원하고, 사귀는 법도 대소가 있거늘 사람마다 소중(小衆)을 사귀고, 욕심으로도 대소가 있거늘 사람마다 작은 욕심을 내나니, 만약 작은 것 행하는 마음으로써 큰 것을 취하면 큰 것도 가히 이루리라.』

하시고, 또 말씀하시었다.

『의심(疑心)도 상당(相當)한 의심이 있고 부당한 의심이 있으며, 분심(忿心)도 상당한 분심이 있고 부당한 분심이 있거늘 사람들은 흔히 그 부당한 것을 취하여 스스로 멸망에 이르나니, 어찌하여 그 이로움은 놓고 해로움만 취하는고, 이는 다 배움과 연구가 없는 소치이니라.

그런고로 사람마다 영생을 원하고 요사(夭死)하기를 싫어하나 수명의 근본을 연구하지 아니하고, 사람마다 빈천을 괴로워하고 부귀를 부러워하나 복록의 근본을 연구하지 아니하고, 사람마다 세상만사를 통해 알고자 하나 만사의 근본을 다스리지 아니하고, 기타 모든 일에 재앙과 곤란된 일을 피하고자 하나 참으로 액(厄)면할 계책을 내지 아니 하나니라.」

※ 조백(早白) : 잘잘못.

11

대종사 말씀하시었다.

『자성(自性)의 정(定)은 백가지 경계 중에 마음에 착이 없어야 한다.

자성의 혜(慧)는 모르는 것을 발견하고 연구하는 것으로 기억한 후에 알게 된다.

자성의 계(戒)는 시비를 판단하여 정의를 행하는 것이다.」

12

한 때 대종사, 총부 금강원에서 여러 제자로 더불어 사은사요와 삼강령 팔조목에 관하여 많은 법의(法義)를 담론하신 후에, 앞에 앉은 청년 학도 몇 사람을 불러 물으시었다.

『너희들은 많은 학비를 소비하여 장구한 시일을 걸려서 현대 과학을 배운 자이니, 묻노라.

그 동안 학교에서 배운 과목은 무엇무엇이며 그 효과는 또한 어떠하느냐?』

김영신 말했다.

『학교에서 배운 과목으로 말씀하오면, 그 수가 실로 많사와 일일이 다 사뢰옵기는 너무 번거하오나, 다만 보통학교와 중학교 과정 내에 대강 몇 과목을 들어 말씀드리면, 외국어·지리·역사·산술·이과(理科)·작문·습자(習字)·체조·창가(唱歌) 등등 이옵고 그 외에도 학교의 주의와 정도에 따라서 각각 거기에 적합한 다른 과목이 많이 있을 것입니다. 그러하옵고 효과로 말씀하오면 무엇이나 모르던 사람이 그 일을 배워서 알게 되고, 못하던 사람이 그 일을 배워서 하게 된다면 그것이 곧 효과이오니, 즉 외국어 한마디도 모르던 사람이 학교에 들어가서 여러해 공부한 결과에 외국어를 숙달하여 능히 동서각국의 외국 사람과 교제하게 되오니 이것이 즉 효과이며, 또는 글 한자 알아보지 못하고 글 한 줄 쓸 줄 모르던 사람이 학교에 들어가서 여러해 공부한 결과에 모든 글을 능히 알아보며 모든 글을 능히 쓰게 되오니, 이 세상을 지내기에 얼마나 편리하오며 큰 효과입니까. 그뿐 아니라 이상에 말씀드린 여러 과목도 모두 그와 같은 필요가 있사와 그것을 배워 다 안다 하오면 인생 생활에 별로 막히고 걸릴 것이 없겠다고 생각하나이다.』

대종사 들으시고 말씀하시었다.

『영신아, 너의 말이 옳다. 사람이 나면 인간 사회를 여읠 수 없는 것이니, 인간 사회에 처하여 그 사회에 활용할 지식이 없다면 그 얼마나 답답하고 아쉬움겠느냐, 그런고로 청소년 시대에 촌음을 아껴가며 학업에 근면한 자라야 노대(老大)한 후에 반드시 유위(有爲)의 인물이 되며 중인의 존모를 받지 않느냐, 그것은 물론 그러하려니와 또 네게 한말 묻고자 하는 바는 네가 학교에서 배운 그 여러가지 과목 가운데서 오늘날 현실 생활상에 가장 많이 쓰여지는 것이 그 무엇이더냐?』

영신『그것은 별로 생각해 본 일도 없삽고, 또 무엇이 가장 많이 쓰이더라도 표준하여 말씀하기 어렵사오나, 저의 처지에 있어 가장 많이 쓰인다고 생각되는 것은 산술과 문필이온 듯 싶습니다.』

대종사『그러면 산술과 문필, 그것은 하루에 몇 번씩이나 쓰이는 바가 되느냐?』

영신 「그야 좀 없지요, 일의 유무를 따라서 한 시간 동안에 한번 쓰이는 때도 있고, 하루 동안에 한번 쓰이는 때도 있고, 한 달 내지 1년 동안 한번 쓰이는 때도 있어서 도무지 정칙이 없습니다.」

대종사 「그러면 그 여러가지 학과 가운데에서 사람의 행주좌와 어묵동정에 무시간단(無時間斷)으로 쓰여지는 과목은 도무지 없느냐?」

영신 「그런 과목은 없습니다.」

대종사 이에 말씀 머리를 돌리시며 말씀하시었다.

「그러면 그것은 그만두고 사람이 가정 살림하는 데에는 그 무엇이 가장 근본이며, 한때도 떠나서는 되지 않을 제일 긴요품이겠느냐?」

영신이 미처 대답치 않고 한 참 동안 묵연하니, 대종사 다시 대청에 놓여있는 기념상을 가리키시며, 물으시었다.

「영신아, 저것이 무엇이냐?」

영신 「기념상이옵니다.」

대종사 「또 그 옆에 있는 것은 무엇이냐?」

영신 「풍금이옵니다.」

대종사 「그러면 우리 회중(會中) 살림을 하는 데에 기념상이 없어도 아쉬웁고, 풍금이 없어도 아쉬웁겠지!」

영신 「아쉽다 뿐이겠습니까. 이런 대중생활에는 다 반드시 있어야 될 것이올시다.』

대종사 『그러면 저 기념상과 풍금을 어느 때 어느 때 사용하느냐?』

영신 『그것은 다 아옵시는 바와 같이 기념상은 우리 회(會)의 4기념(四紀念) 시나 또는 개인의 성대한 기념시에 쓰이는 것이오며, 풍금은 매월 3예회나 기타 각항 예식이 있을 때에 쓰이는 것이 아니옵니까.』

대종사 『그러면 그것을 사용 번 수가 아무리 많다 하여도 1년에 몇 십회를 벗어나지 않으리로다. 그러나 매일 매시에 한때도 없어서는 아니 될 불가결(不可缺)의 요건이 있으니, 그것은 곧 의식주 3건이다. 생각해 보아라. 의식주 3건이 없고야 한때인들 어찌 생활을 영위할 수 있겠는가? 그런고로 살림하는 자가 먼저 마땅히 의식주 3건의 기초를 든든히 세운 뒤에 그 여유한 힘으로써 모든 다른 수식품(修飾品)과 도구를 장만할 것이다. 그리하여 점점 부유한 살림이 되고 보면 모든 도구가 충분히 준비되어 있어 이것을 쓰게 되면 이것을 쓰고 저것을 쓰게 되면 저것을 쓸 것이며, 또 그 가운데에는 하루에 몇 번씩 쓰는 것도 있고, 기념상·풍금같이 한 달에 몇 번씩 쓰는 것도 있고, 혹은 몇 년 내지 몇 십년 만에 한번 쓰이거나 말거나 하는 것도 있어 때를 따라 수용할 것이니, 그 얼마나 넉넉하고 활발하겠느냐.

그러나 그렇다고 직접 의식 생활에도 기한을 면치 못하고 있는 자가 다른 물건의 화려하고 편리한 데에 혼탁하여 저녁 먹을 양식이라도 팔고 집이라도 팔고 옷이라도 팔아서 저 기념상이나 풍금과 같은 설비품 완농물(玩弄物)을 장만한다면 누구나 그 자를 보면 다 비웃고 흉보며 선후 본말을 알지 못하는 자로 인증할 것이 아니냐. 그런고로 살림하는데 있어서는 무엇보다 의식주 3건이 근본이 되며 먼저 마땅히 하여야 할 것이라 한다.

학업하는 방면에 있어서도 또한 그와 같아서 선후본말이 자재(自在)하나니, 이상에 말한 학교에서 가르치고 배우는 그 여러가지 과목이라 하는 것은 방금에 말한 바와 살림하는 데에 기념상이나 풍금과 같이 고유의 장물(長物)*로써 실 생활상에 간혹 쓰이는 바가 될 뿐이요, 참으로 행주좌와 어묵동정 간에 무시간단으로 쓰여서 생활상 의식주 3건과 같이 긴요한 것이 있으니, 그것은 오직 각자의 마음이다.

대저, 사람의 마음이란 일신의 주재(主宰)가 되어서 접물 응사(應事)에 간여하지 아니하는 바가 없으며, 그 마음의 동작 여하에 따라서 일체의 흥망성쇠와 길흉화복이 좌우로 판단되는 것이니, 만물지중 최령하다는 사람으로 태어나서 참으로 고귀한 사람의 생활을 영위하기로 할진대, 무엇보다도 먼저 마땅히 만법의 근본되는 그 마음을 단련하여 희노애락에 기울어지고 흔들리지 아니할 말한 정신의 수양력을 얻으며, 모든 것을 바르게 보고 바르게 판단 할 만한 사리에 연구력을 얻으며, 불의는 능히 사(捨)하고 정의는 능히 취(取)하여 취사에 실행력을 얻을지니, 우리의 삼강팔조(삼학팔조) 공부는 오로지 사람의 심리를 밝히고 다스리는 길이다.

사람이 만약 그 공부에 능하고 보면 일동일정 일어일묵(一語一默)에 반드시 효과를 볼 것이며 무량한 혜복이 유여할 것이니, 대저 인간 백천 공부 중에 그 무엇이 이에 앞서리요. 이 공부를 근본하여 다른 학술을 배운다면 그 학술이 그 사람을 만났는지라 금상첨화 격으로 더욱 좋으려니와, 만약 그 공부가 없이 다만 저 학술만 배워 얻는다면 한갓 그 마음 가운데 불량만 더하고 그 행사에 사려(詐慮)한 수단만 늘 것이니, 세상을 시끄럽게 할 뿐이요, 아무 유익이 없을지라, 어찌 저 의식주의 목전사(目前事)를 불고하고 화려한 가구품과 완농물을 사들이는 자와 다르다 하리요, 그런고로 세상 만사는 먼저 근본에 힘써야 하나니, 천만 공부 중 가장 근본 되는 공부는 그 심리 공부일 진저!」

※장물(長物) : 불필요한 물건

13

대종사 말씀하시었다.

『우리 회상은 사통오달된 곳이므로 큰 도인이 앞으로 많이 날 것이다.

그러나 뭐 하나 능한 것으로 혜문이 열리면 능할 때 그 사람은 타락하기 쉽다.』

14

대종사 말씀하시었다.

『공(功)을 세워 놓은 사람이 어떤 실수가 있어 그 사람을 미워하더라도 그 공을 없앨 수는 없는 것이다.

나는 별스러운 실수가 있더라도 그 사람의 공 세워 놓은 것을 가지고 그 사람과 상대한다.』

15

대종사 말씀하시었다.

『대중의 공부 심천을 조사하려면 쉬운 방법이 있다.

즉 본교에 활동한 연조가 천박하고 연소한 자를 높은 위에 올려두어 본다. 그러면 그에 대해 심리작용이 모두 다르다.』

16

대종사 말씀하시었다.

『한 사람에게 권리, 특히 경제분야를 다 맡기지 말라. 대도회상에 와 큰 죄를 질 수 있으니 미리 막아 주라.』

17

대종사 말씀하시었다.

『야반청진(夜半淸辰)에 좌선을 하라.』

'이는 한 밤중에 선을 하라는 것이 아니라 심고 모시고 난 후 삼십분 내지 한 시간 정도 자기 형편에 따라서 하라는 것이다.'

18

대종사 말씀하시었다.

『경우에 따라서는 교전 한 권만 가지고 사람 훈련만 시키는 깊숙한 장소가 있어야 한다.

또 총부가 혹 문을 닫게 될 경우라도 기관 하나 교당 하나가 다시 이 회상을 이끌어 나가고 키울 수 있도록 되어야 한다.』

19

익산총부 공회당을 준공한 뒤에는 아침 좌선, 예회 등 대중 모임을 그 곳에서 하였다.

좌선중에 대종사 공회당에 나오시어 좌선하는 사람들의 기운 뜨는 것을 손바닥으로 램프 불빛을 가리고 그 아래 좌중을 관하시었다.

그리고 저녁 야회에 나오시어 좌선 시간때 혼침에 떨어진 사람, 무기에 빠진 사람, 망념에 빠진 사람 등을 가려 주의를 주시었다.

대종사 마음속 생각까지 들여다 보시고 말씀하시는 지라 제자들은 일체 사념을 갖지 못하였다.

20

　대종사 공회당에서 저녁에 법문 하시다 대중들 기운 뜬 걸 보시기 위해 이마에 손을 대시고 대중 머리를 보시면서 말씀하시었다.
　『기운이 굴뚝에서 연기 나듯 5색 기운이 난다.』
　대종사 사람마다 머리에 뜨는 5색 기운을 말씀하시었다.
　『1. 탐심인은 흑색기운
　2. 진심인은 홍색기운
　3. 치심인은 황색기운
　4. 부심(浮心)인은 백색기운
　5. 일심인은 청색기운.』

21

　대종사 말씀하시었다.
　『남이 써 놓은 글 보다가 내 정신이 묵는다.』

22

대종사 대중에게 말씀하시었다.

『나는 많은 세월동안 많은 회상을 열어왔지마는 이 회상같이 유능한 인물을 만나고 싶은 사람 다 만나는 것은 역사에 처음이다.』

이 말을 들은 몇 몇 제자들은 우리 같은 못난 사람이 있는데 무엇을 보고 그러는지 모르겠다고 했다.

23

대종사 말씀하시었다.

『회상을 여니 정력이 소모되므로 앞으로 회상 여는 일을 삼가해야 하겠다.』

24

대종사 말씀하시었다.

『아무리 훌륭한 도인이 있다 할지라도 대중의 전체 신망을 가질 수 있는 그 분에게 법이 가기 때문에 출가·여래가 없어서 항마 자리가 주법이 된 뒤에 출가·여래가 나타나도 그때는 임시로 그 분한테 법을 받아야 된다.」

25

대종사 말씀하시었다.
「종교는 모든 사람을 올바르고 진실되게 개조시키는 공장이다.」

26

대종사 말씀하시었다.
「나타난 사람은 큰 그릇이 못된다. 그저 그런 정도이다.」

27

대종사께 이인의화가 말했다.
「주산(송도성)은 음계의 인가는 났으나 양계 인가가 미필(未

畢)이오나, 정산(송규), 대거(김대거) 두 분은 여래 위에 올랐습니다.』

28

대종사 말씀하시었다.
『큰 능력을 얻으려는데 적은 능력, 이것 때문에 나중에 큰 능력을 못 잡으니 조심해야 한다. 이것이 살·도·음 보다도 수도가(修道家)에서는 제일 어려운 계문이다.』

29

대종사 말씀하시었다.
『우리 회상은 전성(前聖)의 회상처럼 크게 다투고 상극되는 일이 없을 것이다.』

30

익산 총부 초창기에 총부 사람들이 염불, 좌선을 하면 석방리, 오룡동, 만석리, 새말 등의 청년들이 '니애미타불' 하고 욕을 하는가 하면, 도통한다고 하면 '절구통' 하고 놀리며 야유를 하는 이도 있었다.

31

원기 23년 3월 27일, 대종사 총부선원에 나오시어 말씀하시었다.

『세상 사람들은 생사의 뜻에 관계치 않으나 불자는 생사를 반드시 생각해야 한다. 죽음에는 노소가 없다. 사람이면 누구나 살고자 하는 욕심을 내나 어려운 것은 착심을 떼는 것이다.

평소에 삼성(三性 : 견성·솔성·양성)의 법칙을 알지 못하면 죽음을 당하여 착심을 뗀다함은 어려운 일 가운데 어려운 일이다. 자력과 타력을 병행함이 좋다. 평상시에 미리 알아두어야 한다.

생사는 천강(千江)의 달과 같고 일월(日月)은 우주와 같이 영원한 것이다. 많은 사람이 축원을 하면 자연히 해탈을 하나 자

살하면 다시 살아 날 수 없다. 공익으로는 한정이 있으니 공부하는 것이 가장 급한 일이다.」

32

원기 24년 3월 4일, 대종사 총부선원에 나오시어 말씀하시었다.
『매일 공부하는 교강은 보통 싫어한다. 이는 불가의 습관이다.
선(禪)과 염불을 많이 한 뒤에야 능히 이룰 수 있나니 매일 시간을 허비하지 말고 오래 정성을 드려야 한다.
농사나 장사가 잘되면 그것도 복이다. 사람들은 모두 잘되기를 원하나 그 근원 처를 아는 사람이 드물다.
조선의 노인들은 대부분 명당을, 젊은이는 양복입고 취직을, 옛 부인들은 점을 치며 산과 물에 절을 하나 대부분 허사이다. 실제의 복은 삼학에서 이루어진다고 아는 사람과 믿는 사람 그 누구인가, 이를 귀히 여기나 새롭게 고치기가 어렵다.
재래불교는 자기 마음을 알아야 견성이라 말한다. 부처는 일체유심조라, 마음을 따르지 않고 마음을 사사롭게 하면 마음의 자유를 얻음이 적다. 자기의 마음을 알지 못하는 것은 깨닫지 못 한 것이다. 마음의 출처를 알아야 한다.

어떻게 해야 죄복을 짓는가

일체의 고는 나를 위하는 데서 온다.

사람들이 대부분 짧게 알아 내 마음이 나를 이익 주고 내 마음이 나를 해롭게 함을 모른다. 마음이 오고 갈 때 원망이 와서 나에게 해도 주고 죄도 짓는다. 원망을 박대하지 아니하고 타인을 원망하면 이도 또한 내 마음이 나를 해하는 것이다.

언챙이 맹인 등도 생시에 원망한 것의 아들이니 집이 망하고 부부간의 복도 또한 자기 마음에서 온다.

세상 사람들은 불공을 모르고 죄를 짓는다. 내가 깨친 것은 '내 복도 내가 짓고 지은 죄도 내가 소멸한다'는 것이다.

수도하면 능히 이루니 천지의 보고(寶庫)다. 사람과 물건 등이 뜻과 같이 성취됨은 천만인의 복이다. 비장의 열쇠는 삼학이다. 삼대력을 얻으면 능히 막힌 문 없이 열린다.

그러면 세상은 뜻대로 되고 자녀도 낳고 부모 처자도 뜻과 같이 된다. 그러나 즉시는 불가능하다, 그러나 미래에는 이루어진다.

기원하면 죄가 면해지는 방법이 있으나 방법을 모르면 그 많은 노력이 무효가 된다.

오늘에야 가난을 후회하는 이는 죄복이 삼학에서 나오니 삼대력의 열쇠는 해인(海印)이라 혹 어떻게 공부하느냐고 질문하면 불법이라 답하고, 어떻게 행하느냐 또 물으면 교강(敎綱) 대로 함이 좋다하라.

주의할 것은 살아있는 영식(靈識)은 말을 하고 행하지 않으면 그 말이 죄가 된다.

보통 먼저 알고 뒤에 행하나 만약 말하지 않으면 잊어버린다. 열 가지를 알지만 다 행해지는 것이 아니라 하나 정도 행해진다.」

33

원기 24년 12월 18일, 총부선원 오전 경전시간에 대종사 나오시어 일원상에 대히여 말씀하시었다.

『성품은 글로 배워서 다 알 수는 없다. 어린 아이를 꾸짖으니 어릴 때는 잘 모르다가 뒷날 자라서 돌아보고 부모의 훈계하심을 느끼게 되는 경우가 많은 것 같이 말로는 잘 알지 못한다. 성품은 연마하지 않으면 알지 못하고 옳고 그름도 가르침만으로 알지 못한다.

저 일원의 진리를 지난 일 가운데 찾아보면 가섭존자가 부처님이 꽃을 들은 뜻을 알았음을 말할 때 그 뜻을 알지 못하면 모르는 사람이며 혹 안다고 무슨 이익이 있는가 스스로 분발해서 노력한 후에 머리가 열려야 바로 안 사람이다.

　일원을 말하는 것은 손가락으로 달을 가리키는 것과 같다. 일원은 능히 그릴 수 없으므로 가상적으로 가르친다.

　인연이 없으면 미혹된다. 조사(祖師)들이나 도인들의 방편으로는 다 알지 못한다.

　그분들은 일체를 법으로 보는 분들이기 때문이다.

　인연이 있으면 깨닫고 지나치면 배우지 못한다. 구정선사도 이와 같은 것이다.

　모든 것을 다 잊고 잠 잘 때도 착한 생각만 하는 것이 좋다. 우리는 의식주의 실익에만 치우치므로 나는 어리석지 않다 하나 어질지 못함을 모두가 잘 알 것이다.

　믿음이 두터우면 쉽게 성공할 것이니 책(경전)을 많이 보고 공부 열심히 하면 일원과 같이 된다.』

34

　원기 24년 12월 20일, 대종사 총부선원에 나오시어 한 제자가 일원상에 대한 해석을 하는지라 그 뜻을 들으시다가 말씀하시었다.

　『물 샐 틈없이 정(正)한 것이 원(圓)이요. 정(正)은 즉 각(覺)

함이니 본원(本源)은 어머니라, 정은 곧 원이다. 분별처 없는 그림이며 입(入) 즉 출(出)하며 출(出) 즉 입(入)이니 뿌리 또한 일원이다. 불변하는 진리는 오래가고 원만지정(圓滿持正)을 공부 삼아 행(行)해야 한다.』

35

성성원이 대종사께 여쭈었다.
『가정과 남편을 버리고 출가 수도하여 전무출신을 하고 싶습니다.』
대종사 말씀하시었다.
『불법이 생활이요, 생활이 불법이다. 가정이 있고 난 뒤에야 사회와 국가가 있다. 재가 출가가 서로 일심합력 해야만 우리 회상이 크게 발전한다.』

36

대종사 말씀하시었다.
『큰 회상이 열리려면 오성(五聖)이 나와야 한다.』

37

대종사 평소에 대중들에게 말씀하시었다.

『대중을 지도하는 자들이 무슨 뾰족한 재주나 있는 듯이 대중을 충동해 대항하고 폭력적으로 나서는 것은 자기만 망하는 것이 아니라 여러 사람의 전정을 그르치고 많은 사람을 해치는 일이라. 대중을 지도하는 사람이 취할 현명한 길이 아니다.』

하시고 이어 말씀하시었다.

『온건 착실한 생각을 가지고 대중을 지도해야 한다.』

38

원기 24년 7월, 순사 황이천이 대종사께 여쭈었다.

『선생님도 육신을 가지신 지라 어느 때인가는 세상을 떠나실 터인데, 그 뒤에도 이 〈불법 연구회〉가 그대로 계승되어 나갈까요.』

『참으로 좋은 말을 물었다. 대개의 종교 단체는 교주를 신봉하고 있는 고로 그 사람이 죽으면 흐지부지되고 마는 것이 흔한 일이나 이 불법연구회는 나 개인을 믿기보다 내가 낸 법을 옳다고 신봉하기 때문에 내가 죽어도 내 법은 영원히 계승될 것이다.』
　대종사 즉시 사무실의 송도성을 불러
『〈솔성요론〉 제 3조 '사람만 믿지 말고 그 법을 믿을 것이요'를 제 1조로 돌려라.』
　하시고 매우 기쁜 표정을 지으셨다.

39

　대종사 영산에 땅을 살 때 평당 1전5리 깎는데 한달 동안 시간이 걸리었다.
　이완철이 대종사께 말했다.
『성인이 어찌 그럴 수 있습니까?』
『시줏 돈 한 푼 두 푼 모인 것이 공금이니 하늘 무서운 줄 알아야 한다. 공금 아까운 줄 모르면 죄 짓는다.』

40

　서무부장 김광선이 논의 값이 시세보다 많이 싸고, 공사 할 시간적 여유가 없어 논을 산 후 대종사께 말씀드렸다.

대부분 사람들은 좋다고 했으나 대종사 논을 사지 말고 당장 바꾸어 오라고 했다.
　그러나 상대방이 잘 물려주지 않아 법정에까지 가서 손해보고 번거러운 일을 겪으며 물리었다.
　대종사 항상 말씀하시었다.
　『공사를 해서 하면 더디더라도 좋은 것이 되니 공중사를 단독처리 하지 말라.』
　또 대종사 평소에 『반드시 셋 이상이 의논해서 하고 혼자하지 말라.』시며 『중계(重戒)를 범하더라도 셋 이상이면 그 중에는 충고할 사람, 자신을 건질 사람이 있기 때문이며, 좋은 일이라도 혼자 하면 사사(私事)가 되어 버린다.』하시었다.

41

　원기 25년 3월 2일, 대종사 총부선원에 나오시어 선원들의 정전 회화함을 들으시었다.
　이때 박창기가 대종사께 여쭈었다.
　『심고의 위력과 필요가 어떠하오리까』
　대종사 말씀하시었다.
　『전해오는 말에 효자죽순도 위력이라, 하늘과 내가 힘을 합한 것이다. 어찌 개인의 힘이리요, 바로 하늘의 위력이다.

염불을 하면서도 일념으로 하면 하늘의 힘이 나의 힘이 된다.

한 도인이 비가 오기를 3일 동안 간절히 바라니 그 지방에 비가 왔다 한다. 이는 이적만이 아니다. 진인(眞人)은 평생을 잡념이 없어 위력을 얻는다. 참 도인의 몸은 귀신이라 기(氣)는 혼(魂)이며 법강항마와 같다.

조금도 진리를 알지 못하면서 믿는다면 이는 사신(邪信)이다.

참 도인은 일심이 됨으로 위력이 나타난다. 보통 사람들은 알기 어려우나 바람을 일으키는 힘 같은 신기묘묘한 일도 있다.

부(富)는 태어날 때 타고나나 악을 범하면 떨어지고 다른 사람으로 하여금 나를 위하게 하면 음양이 뒤 바뀐다.

도인은 그러므로 복을 탐내지 않는다. 베풀지 않고 바라기만 한다면 하늘의 뜻과 인연되지 않으니 지선(至善)을 다하라.」

42

대종사께 한 제자가 물질개벽과 정신개벽에 대하여 여쭤자 대종사 제자들에게 먼저 말하라 하시었다.

이때 박창기가 먼저 말했다.

『편안한 마음으로 자기분수를 지키면서 정의롭게 구하고 공명정대하게 사용해야 합니다.』

송도성이 말했다.

『물질을 연구하는 정신은 부분적이고 제한된 정신이나 정신개벽은 전부를 사용하는 정신입니다.』

대종사 유허일의 기술적 정신과 도덕적 정신에 대한 말을 들으신 후 말씀하시었다.

『지금 세상은 물질을 제조해 내는 정신은 발달되었으나 물질을 인간 생활면에 필요하게 사용하는 정신은 개벽되지 못하였나니, 이르되 정신개벽이란 곧 물질을 사용하는 방법과 그 물질의 원리를 알아내는 정신을 발달시키자는 것이다.

원료의 원리와 천지만물의 근본원리와 부귀빈천의 이치를 알아내는 정신을 발달시키자는 것이니, 정신 곧 물질을 사용하는 정신을 개벽하자는 것이고, 자세히 설명하면 편안한 마음으로 분수를 지켜서 잘 이용하는 것이다. 만약 분수 밖의 물질을 바라게 되면 불의한 마음이 나서 도둑질을 하며 부모형제도 속이고 악함도 상관없이 반드시 행하게 된다. 현세는 이런고로 요란하다.

개벽은 통하고 밝은 것이다. 그러므로 본회(불법연구회)는 만물의 근본이치와 귀천의 이치와 물질의 사용법을 가르치는 것이다.

문을 닫으면 어둡고 열어 놓으면 밝게 통하여 물질의 속까지 훤이 보인다. 적은 금전으로 자동차를 타고 통행하며, 축음기에 음성이 나오고, 비행기로 하늘을 날으고, 전기로 많은 집을 밝히고, 배로 바다를 항해한다.

부처님이 이르기를 천지인의 멸망소멸을 개벽이라 했다. 그러나 현세를 개벽한다. 개벽은 곧 옛것은 소멸되고 새로운 것이 펼쳐진다. 현세는 옛것이 사라지고 새것이 나타나는 세계요, 사람이 개벽되고 물질을 제조하는 두뇌가 개벽되고 물질을 사용하는 정신의 개벽으로 사람이 잘 사용하게 된다.

물질이란 모든 사람이 다 갖고자 하나 정신개벽이 된 자는 분수를 알고 사용한다. 나는 다 사용하지 아니하고 일원반(一圓飯)이나 십전반(十錢飯)으로 의식주를 한다.

분수를 알지 못하고 욕심으로 하고자 하는 것은 반드시 취하지 못한 즉 욕심이 나고 원망하는 마음이 함께 하지 다른 마음이 나지 않는다.』

대종사 말씀에 이어 한 제자가 말했다.

『정신세력 확창으로 물질세력을 굴복 받아야 합니다.』

전음광이 말했다.

『지금 세상은 물질이 주인이 되었습니다. 이는 물질이 있으므로 여러 방면으로 하고자 한 바를 모두 성취하기 때문입니다. 이런 때는 예의를 망각하고 부모를 살해하고, 형제간에도 재물을 취하려고 합니다. 이는 곧 물질이 주인이 되었기 때문입니다.』

대종사 들으시고 말씀하시었다.

『물질의 세력이 성(盛)하는 것은 예를 들어 시계가 편리한 고로 가지려는 사람이 많고 모든 사람이 가지려고 하므로 물질의 세력이 성하다. 모든 사람이 갖고자 아니하면 세력은 떨어진다. 그러므로 물질이 귀하고 편하여 갖고자 하면 정신은 점점 약해진다. 성냥을 보고 몰래 갖는 것은 물질에 정신이 패한 것이다.

물질의 노예 생활이란 물질이 명하면 부모를 살해하기도 하고, 도둑질을 명하면 도둑질을 한다. 이와 같은 것이 노예 생활이다.

정신을 빼앗기는 요점은 곧 여러 방면으로 물질을 사용하고자 함이다. 욕망은 부모 형제의 마음을 헤아리지 아니하고 물질을 사용하는 용처만을 연구하면서 이에 따르니 이것이 바로 물질에 정신이 약해지는 것이다. 필요하지 않은 시계나 안경 등을 갖고자 하는 것은 곧 정신이 약해서이다.』

한 제자 정신이 물질을 항복 받는 것에 대하여 말했다.

『비상시에는 물가가 오르니 그런 때에는 귀금을 훔치기가 쉬우나 그것으로 내 자녀를 입히지도 못하고 먹이지도 못하고 어려움이 생기는 것을 알아야 합니다.」

대종사 말씀하시었다.

「돈이 없어도 착하게 사는 법을 알라.

노상에서 돈을 보아도 관여하지 않는 것이 올바른 것이다.」

43

원기25년 3월 5일 밤, 대종사 선원에 나오시어 어떻게 하는 것이 불법인가에 대하여 물으신 후 말씀하시었다.

「불법공부를 많이 배웠으나 그 중에 강령으로 가르친 것이 교강(敎綱)이다. 점차 가르치겠지만 우리의 공부는 경계 따라 배웠고 배운 대로 실행하는 것이다.

가르치는 것은 그날 그날에 맞게 익히도록 가르치는 것이다. 이 공부를 잘하면 백만원짜리 보다 좋을 것이다. 이제 다시금 할말이 없다.」

44

대종사 말씀하시었다.

『나는 여래이고 근기가 높다고 하니깐 한번에 깰 줄 아냐! 나도 큰 것은 한번 깼 지마는 천각 만각 억만각 무량각을 깨 갖고 주세불이고 불보살이 되기 때문에 부단히 노력을 해서 깼다.』

45

한 제자 그른 일을 많이 함으로 대종사 그를 불러 꾸짖으실 때는 죄인 다루듯 하시다가도 또 불러 달래실 때는 온화하고 인정으로 불공법을 써 주셨다.

46

대종사 조실 응접실에서 황이천에게 말씀하시었다.
『이천이, 나를 모르지?』
『제가 왜 몰라요, 대종사님이신데.』
『그게 아니고, 언제나 나를 알아 볼는지 몰라. 고깃덩어리 눈에는 보이지 않아. 혜안이 떠져야지.』

47

원기 24년 12월 26일, 대종사 총부선원에서 오전 경전시간에 말씀하시었다.

『과거는 효도에 너무 치우쳐 부모의 소원을 따르기가 무척 어려웠다.

큰 효도는 옳고 그름을 알아서 부모의 마음도 편안하게 하여야 하는 것이니 마음을 편안하게 못하는 것은 불효이다.

자녀는 있는 그 곳에서 악함이 없어야 효를 한 것이다. 이는 악평(惡評)이 없기 때문이다.

아버지가 아들의 좋은 평을 들어야 좋지 악평을 듣는다면 듣기가 매우 좋지 않다.

자녀가 수명을 단명(短命)하는 죄를 받을 때는 일찍부터 영생토록 불효하는 것이다.

공사(公事)를 위하는 자는 실로 큰 효자라는 말을 듣게 될 것이다.』

48

대종사 말씀하시었다.
『갑종 전무출신과 거진출진은 교단과 국가·세계와 한 기운으로 연하고 운을 같이한다.』

49

대종사 사람들이 어려운 형편에 처해 헤매는 것을 보시면, 그 해결책을 열어 주시되 본인도 제 3자도 모르게 하는 방편을 매양 쓰시었다.

50

서울 건재 도매상인 천일약업사는 전국 각지의 약방과 거래하며 1년에 한 차례씩 거래처의 대표들에게 외국여행을 시켜주었다. 보화당을 운영하는 이동안은 천일약업사의 경비 부담으로 금강산과 북경을 시찰한 바 있다.
일본과 중국을 돌며 견문을 넓힌 동안은 당재 수입을 생각하게 되었다. 각지에 무역할 계획을 수립하고 그 구체적인 계획안을 내놓았다. 그 자금 마련에 있어서는 교중 자산을 저당 잡히는 쪽으로 검토되었다.

이에 대해 이재철, 오창건, 김광선은 『아먼, 그래야 되지야!』하며 찬성하고 매우 호응이 좋았다.

그러나 대종사의 생각은 달랐다.

『동안의 계획대로라면 꼭 성공하지. 이 일은 동안이나 내가 있을 때는 잘 될 것이다. 그러나 후 일에 이 일을 본 받아 큰 일을 저지를 수도 있을 것이니 그만 두라.』

하시고 이어 말씀하시었다.

『동안이나 나나 수백 년 사는가 하면 그렇지 않아. 살면 백년은 더 못 살아. 그러나 우리 뒤에 어떤 사람이 교단을 저당 잡히고 사업을 하다가 혹 실패하면 그 욕은 누구에게 돌아오겠는가. 일이 생기면 우리들 죄만 남아 천추에 욕이 되네. 이 회상은 보화당이 돈 벌어서 유지할 회상이 아니야. 몇 만년은 나갈 회상이야』

대종사의 경고가 있고 얼마 뒤 이동안은 총부 전무이사 겸 산업부장으로 전임되고, 후임으로 송혜환이 보화당 이사로 부임하였다.

51

대종사 말씀하시었다.

『내가 회상을 열고 기초를 다지니까 사업도 하고 여러 가지를 벌렸는데 실은 법을 전하기 위해서 그런다. 그런데 그 뜻을 모르고 뒤에 잘못 아는 사람들이 나와 일 벌리는 것만 주장하고 그것을 잘하면 제일이라고 하여 교단을 복잡하게 하는 일이 있을 것이다.

그때 서슴없이 교전 하나만 가지고 가서 그 사람을 기다려 법을 전하라.』

52

대종사는 장남인 어린 길진에게 나무토막으로 열 십자(十)를 그려 놓으시고 말씀하시었다.

『가로와 세로가 만나는 지점을 보라.』

길진은 대종사(아버지)께서 시키시는 데로 틈만 나면 가운데 지점을 보았다.

이는 어떤 일이든 집중력을 길러나게 하는 하나의 교육 과정이었다.

53

　대종사는 어린 길진에게 잘못한 조목을 암기하도록 하였다.

　길진은 스스로 잘못 되었다고 생각되는 일들을 낱낱이 말씀 드리었다.

　그 잘못된 일들은 어른에게 바늘귀 안 꿰어 드린 일, 어른이 계신 문 앞에서 어른거린 일, 떼쓰는 일, 말 안 듣는 일 등이었다.

　대종사는 길진에게 잘못한 조목을 들으신 후 말씀하시었다.

　『그 조목 하나씩을 다시 범하지 않도록 떼어보라.』

　대종사 자녀에게 습관적인 것, 그릇된 것을 조복 받는 공부를 어려서부터 시키셨다.

　길진은 잘 울었다. 이럴 때 어머니 양하운은 회초리로 길진을 다스렸다. 그럴 때면 대종사 하운에게 말씀하시었다.

　『반드시 우는 데에도 이유가 있을 것이니 무조건 나쁘다고만 하지 말라.』

54

　대종사의 장남 길진이 원기 22년 3월에 배재고등보통학교를

졸업하고 4월에 일본 동양대학 유학 길에 올랐다.

길진의 일본 유학에 대하여 총부에서 많은 논란이 있었다.

여러가지 의견이 분분한 가운데 한 사람이라도 끝까지 가르쳐야 된다는데 의견이 집약되었다.

길진은 자신의 진로와 유학 목적에 대하여 대종사께 말씀드렸다.

『어느 사람이 세상의 큰 주인이 되어 천하를 한번 움직여 봐야겠다는 생각을 하고 고루 다 잘해야 한다하여 시조도 배우고 승마도 배우며 바둑 등 다방면의 기능들을 갖추다 보니 본래 목적은 이루지도 못한 채 늙어 버렸다고 합니다. 그러나 저는 그런 식으로 살지는 않겠습니다. 어디까지나 제가 공부하려는 것은 불법연구회 교법을 주체하고 이 법을 더욱 폭 넓게 펼쳐 나가기 위해서 철학과 제 종교를 연구하려고 합니다.』

길진의 말을 다 들으신 대종사 『그렇다면 되었다.』 하시고 『네가 길을 옳게 잡았다.』칭찬하시며 일본 유학을 허락하시었다.

55

원기 24년 12월 7일, 총부선원 오전 경전시간에 대종사 나오시어 일반선도에게 물으시었다.

『어찌하여 매일 교강을 외우느냐, 원리를 모르면 곧 바로 게으름이 나고 뜻을 알면 곧 바로 요점을 알리라.』하시고 선도들에게 각기 말하여 보라 하시었다.

정일성『집을 지을 때 기초와 같습니다.』

이동안『나무꾼의 나무 베는 연장과도 같습니다.』

박도원『실지 경계를 당할 때 현재를 반성키 위함입니다.』

김형오『국민이 국가에 서약하는 인식과 같습니다.』

박창기『불공법과 삼학을 잊지 않기 위함입니다.』

그 외에도 조송광, 이청춘 등 많은 사람의 대답이 있었다.

대종사 일일이 다 들으시고 말씀하시었다.

『과거 달마대사때 은거(隱居)한 제자가 와서 묻기를 '무엇이 부처님의 큰 뜻입니까?' 하니 답하기를 '자심(自心)의 이치를 알아서 자심을 쓰는 것이다' 하였다 한다.』

대종사 이어서 말씀하시었다.

『부처는 곧 깨달음이라 그런고로 성인은 삼학이다.』

한 선도가 방법 여하를 대종사께 여쭈니 말씀하시었다.

『나의 명에 따라하라. 어떻게 자심(自心)의 원리를 알아 마음의 자유를 성숙케 할까 연구하여 3개월(동선기간)을 외움이 좋으리라. 그러한 뒤에 내가 가르치는 데로 하라.』

선도『그렇게 하겠나이다.』

대종사 말씀하시었다.

『하루는 꿈속에 한 사람이 찾아와 절하고 말하기를 '뒤뜰에 머물면서 그대의 책 읽음을 들었나이다. 전생 수도 할 때는 한가히 노는 사슴의 마음이어서 비록 글을 읽었으나 그 뜻은 알지 못했고 죽어 사슴이 되어 많은 생 후 인도에 돌아와서 깊이 생각을 하니 많이 들은 것은 알겠습니다.' 하고 돌아가더라. 다음 날 우물가에 죽은 사슴을 화장하고 태어나 찾아갈 곳을 보고(報告)하니 참(眞)이 아직도 남아있더라. 다시 와서 책 읽음이 좋을 것이다.』

하시고, 대종사 사슴을 아는 사람이 없느냐 하시며 말씀하시었다.

『인생의 요도 강령과 자상한 풀이를 잘 알도록까지 공부를 많이 하고 나면 인생의 참뜻을 알게 된다. 인생의 뜻은 곧 실행이니 번창하게 잘 사는 것이 목적이 아니다. 그 뜻을 알고 실행해야 하리니, 실행할 때는 많은 경전이 그 가운데 있나니 삼학을 공부하는 이는 사정(四情)에 끌리지 아니한다. 많은 것을 알고 정심(正心)하라, 앎은 곧 도(道)요 행은 곧 덕(德)이다. 부처도 또한 이 삼학으로 제생의세하며 일원의 도를 배울 따름이다.

공부를 많이 하고도 그 뜻을 알지 못하면 짐승처럼 사는 것이니 청렴한 삶은 공부 많이 해서 깨달아 감사생활의 방법을 알며 도를 알고 행하면 곧 덕이니 1년, 10년, 다생이 각각 다르니라.

도덕을 알지 못하면 다가오는 세상이 허송할 따름이다. 지혜가 아무리 쌓여도 꿈속에 사는 사람이 많다.

전주의 권수철은 조물주를 보았느냐? 나는 보려 해도 못 보았다. 사람들은 조물주를 보통 운수에 있다 말하나 운수는 어느 곳에 있느냐, 알 수 없으니 대개의 사람들은 말하기를 부처에게 복을 구한다 하고 스스로 어느 곳으로가 산수(山水)에 빌며 알지 못하고 살아가나니 이는 아는 이의 웃음거리일 뿐이다.

일체가 다 유심조니 모두는 믿음을 가져라. 가르치는 자도 나와 같이 말하면서 믿지 않는 자가 있다. 나는 밝지 못하여도 믿었다. 나는 후에 깨닫고 보니 의무와 과정이 일원(一圓)뿐이더라, 과거 선방에서 마음이 어느 곳에 있는지를 10년이 지나도 알지 못하기도 한다.

우리 회상은 교(敎)·선(禪)·염불을 겸할지라 우리의 교강이 제일이다.」

56

　원기 22년 8월 29일, 예회날 날씨는 매우 맑았고 오전 10시 정각에 예회가 시작되었다.

　이날 예회 연사인 박창기의 강연이 끝나자 대종사 법좌에 오르시어 말씀하시었다.

　「도(道)는 길이니 계룡리 마을길은 한정된 작은 길이요, 황등길은 무한한 큰길이다. 큰길은 많은 사람이 함께 갈 수 있게 넓어서 역시 큰길이다.

　재래불교와 우리 불법연구회(吾佛)를 비교한다면 불교는 초인간적이어서 한정된 소수인이 가는 작은 길이요, 오불(吾佛)은 대중이 다 함께 갈 수 있는 큰길(大道)이다.

　과거 불교는 무직자(無職者)에 한정되었고, 오불(吾佛)은 직업을 병행할 수 있으니 바로 이것이 큰길이라.

　가정의 의무 결혼의 장소 신앙처도 또한 대소양도(大小兩道)로 나누어 깊이 생각해야 하리라. 또 한 가정에 있어서도 작은 집은 물품의 조사도 쉽고, 큰집은 솥과 이불 등의 사용처도 다 알기 어렵고, 용도도 죽은 뒤와 제사 때, 혼인할 때, 살아서 쓰는 물건, 조석(朝夕)에 쓰는 것 등 설명으로 다 할 수 없다.

　혹 누가 질문을 한다면 많은 물건이 모든 사람에게 불필요하다고 말하며 그런고로 대중이 다 갖추기 어렵다. 머리털같이 가지 수가 많으면 현재 사회의 비평 등을 각오해야 한다.

불(佛)의 목적은 고해 중생을 낙원으로 제도함에 있나니 우리는 본회(本會)의 대도를 자신하고 부지런히 힘써 공부 해야한다.』

57

원기 24년 3월 4일, 대종사 총부선원에 나오시어 말씀하시었다.

『내가 어릴 때에 지팡이로써 신기한 일이 있었고 그때는 서로가 알지 못하였으나 뒤에 깨닫고 보니 일심의 위력인지라 물은 고요한 밤에야 밝고, 요동한 즉 능히 바닥을 볼 수가 없다.

귀신처럼 알려면 삼독(탐·진·치)이 가시면 곧 얻을 것이요. 삼독이 가시면 한 생각 넘지 않고 보고 듣지 않은 일도 가히 잘 알리라. 귀신도 보고 동시에 앞일을 본다. 보통은 귀신을 보나 그러나 참 도는 삼학이라. 이적은 만인이 능하지 못하므로 대도가 아니다. 농부가 씨뿌림도 수확을 얻고자 함이니 힘써 한즉 자연히 수확 할 수 있고 혹 늦고 빠름은 있어도 다 성공을 하리라.

견성은 정력이다. 비록 견성하지 못하여도 오로지 일심으로 하면 다른 것이 있을 것이다.

이적에 혹하지 않음이 좋다. 세상에서는 지식을 공부라고 하나 참 도는 삼학뿐이다.』

58

원기 24년 3월 1일, 대종사 말씀하시었다.

『믿음이 있을 때 불신이 자멸되고 의문(疑)이 생길 때 어리석음이 없어지고 정성이 있을 때는 게으름이 없어지고 분발이 있을 때는 탐욕이 없어진다. 분발심이 날 때에는 포수가 사자에게 총을 쏘듯 하면 자연히 탐욕과 게으른 생각이 없어진다.

진행조(進行條 : 진행 4조)와 사연조(捨捐條 : 사연 4조)는 음양과 같아서 진행 4조를 행할 때는 사연 4조가 자멸됨이 해가 뜨면 어둠이 멸함과 같나니라.』

59

대종사 말씀하시었다.

『앞으로는 밤도 대낮같이 밝을 때가 오고 서울에서 연극을 하면 여기 앉아서도 볼 수 있을 것이다.』

60

　권동화의 온 가족은 마령에서 대종사의 명을 받들어 전주로 이사를 하였다.
　대종사 전주 동문에 집 한 채를 1개월간 빌려 서중안, 오창건 등과 함께 새 회상 창립에 관한 임시 모임을 가지며 준비하고 있었다.
　어느 날 밤, 동화가 대종사를 찾아뵙고 인사를 올리니 대종사 말씀하시었다.
　『이 밤에 젊은 사람이 남자 처소에 어찌 왔느냐.』
　『사람 노릇하는 법을 배우려 왔습니다.』
　『아- 시방, 사람 노릇하지 짐승 노릇하고 있는가.』
　동화는 대종사의 말씀에 말문이 막혀버렸다.

61

　초창 당시에 한 제자가 쌀을 키질하다 실수로 쌀을 흘렸다.

대종사 쌀을 주우시며 제자들에게도 쌀 한톨 한톨을 줍도록 하시며 말씀하시었다.

　『농부의 피 땀 어린것을 함부로 하면 장래에 빈천보를 받게 된다. 그리고 곡식이 썩고 있으면 곡식이 다 썩도록 까지 농신이 앉아 울고 있다. 쌀을 귀중히 알고 밥을 귀중히 알라.』

62

　원기 25년 동선 때 날씨가 몹시 추운 어느 날 아침, 대종사 계신 조실 뒷마루를 청소하는 어린 제자가 걸레의 물기를 꽉 짜지 않고 닦아 마루가 살얼음판이 되었다.

　그리하여 대종사 욕실로 세수하려 가시다가 미끄러져 넘어지셨다.

　대종사 청소했던 제자에게 말씀하시었다.

　『청소를 하는 것도 온전한 생각으로 해야지 아무 가남 없이 하면 되느냐.』

　대종사 저녁 법문 시간에 아침에 있었던 일을 말씀하신 후 이어서 말씀하시었다.

　『청소를 하는 것도 아무 계획 없이 하고 예산 없이 하면 안 된다.』

63

서울의 한 여자 교도의 남편이 일본 유학을 하고 전문의 자격을 취득하여 서울에서 병원을 운영하고 있었다.

그가 지식 있다는 상이 있어 배우지 못한 사람을 무시하는 것을 본 부인이 대종사께 인도하여 제자가 되었다.

그는 「일원상 서원문」을 외우면서 한 대목이 마음에 걸리었다.

'우리 어리석은 중생은 이 법신불 일원상을……' 에서 어리석다는 것이 자기와는 맞지 않다는 것이었다.

나로 말하면 대학을 나왔고 전문의까지 딴 박사인데 내가 어리석다면 이 세상에 어리석지 않는 사람이 어디 있는가. 어리석다는 말은 나와는 상관없지 않는가 생각하여 '어리석다.' 는 단어를 빼고 '우리 중생은 이 법신불 일원상을……' 하였다.

어느 날 대종사 그를 불러 요즘 공부하는 것이 어떠냐고 물으니 그가 말했다.

『예, 그렇습니다. 그런데 제가 어리석은 중생에 대하여 의문이 생깁니다. 제가 왜 어리석습니까?』

대종사 그에게 물었다.

『40년 전에는 어디서 무엇을 하였지.』

『임실에서 보통학교 다녔습니다.』

『그래, 그러면 70년 전에는 어디 있었지.』

『제가 아직 나이가 60도 못되었는데 70년 전에는 어디 있었어요.』

그는 자신의 육신이 나온 것이 시작이고 죽으면 없는 것으로 알다가 삼세와 다생겁래의 이치를 대종사께 가르침 받들고 자기가 어리석다는 것을 깨달아 신심이 더욱 나기 시작했다.

64

대종사 고현종에게 법명을 주시며 말씀하시었다.

『네가 이름값 할려는지 모르겠다. 현종(賢種), 어진 종자라 어떤 종자냐 하면 성현에 대한 법종자를 뿌려서 널리 보급하는 이름을 가졌다. 내가 지었지만 참 좋다.

네 이름이 참 좋다. 내 진리를 내 법을 널리 보급하는 어진 종자가 되어야 한다.』

65

대종사 공회당에서 설법하시는데 어린 제자들이 졸고 있는 것을 보시고 말씀하시었다.

『내가 송아지나 망아지들을 놓고 말하는 것 같다.』

살림살이 구경이나 하여 보자

상덕이라 하는 것은
대소유무와 시비이해를 알아 가지고
모든 용처에 당하여 마땅하게 처리함이요,
집착함이 없다 하는 것은
덕을 쓴다, 쓰지 않는다 하는 데에 끌리지 아니하고
다만 자기의 행할 일만 행하여 가는 것이옵니다.
-본문 중에서-

1

대종사 진묵대사의 일화를 말씀하시었다.

『진묵대사가 어느 절에 있을 때 득남 불공이 들어왔다.

그때 절 스님이 대사보고 불공을 드려달라고 했다.

진묵대사는 빗자루를 거꾸로 잡고 법당에 들어가 부처님의 머리만 탁탁 치면서 '애기 태워 달라니 태워줘' 서너 번 말만 하고 불공을 그만두었다.

그것을 본 절 내의 스님들이 노승이 노망을 했다며 푸대접했다.

진묵대사는 도통하신 대사인지라 그때 벌써 등상불은 쓸데없다는 것을 암시하셨지만 일반 승려들은 그걸 모르고 노망했다고 하여 푸대접한 것이다.

또 진묵대사는 동정간 공부를 실천하시었다. 진묵대사는 항시 장보러 간다하고 전주시장에 나가니 중이 무슨 장엘 가느냐 하고 의아해했다.

진묵대사는 장에 다녀와서는 장을 잘 봤다고 희색이 만면하기도 하고 어느 때는 장에 가서 실패하였다고 불쾌한 심상(心想)이었다고 한다.

그것은 장에 갔을 때 온갖 색상(色想)에 내 마음이 끌리는가 안 끌리는가 시험하러 간 것이니 이것이 곧 실질적 동정(動靜) 공부이니라.」

2

제25회 동선 결제식을 총부 대각전에서 거행할 때, 대종사 법좌에 오르시사 일반선도에게 말씀하시었다.

『내 오늘은 재래 사원의 훈련방식과 본회 선방의 훈련방식에 대하여 대강을 말하여 주리라. 즉 재래 사원의 제도로 말하면 염불당에서는 언제든지 염불만을 전문으로 시켰고, 강원에서는 언제든지 경전만을 전문으로 가르쳤으며, 선원에서는 주야에 화두를 들고 좌선만을 전문으로 하게 하였다. 그런데 현재 본회 선방의 제도로 말하면 그와는 아주 달라서 여러가지 과목을 아울러 가지고 훈련을 시켜 나가나니, 하루를 놓고 말하더라도 매일 아침 청신(淸晨) 2시간은 좌선, 오전 2시간은 경전 강의, 오후 2시간은 정기일기나 혹은 한문, 밤 2시간은 염불이나 회화나 강연 등을 시킨다. 그러면 혹자는 재래 사원 제도에 비하여 본회의 훈련 과목은 너무나 그 가지 수가 많아서 번거하다고 할는지도 모르겠다. 그러나 그 내용에 들어가서는 심히 간명하고 질서가 정연하게 골라 맞았나니, 염불과 좌선으로 말하면 정신의 수양력을 얻게 하는 과목이요, 경전·강연·회화·문목(問目)·성리 등으로 말하면 사리에 연구력을 얻게 하는 과목이며, 정기일기·주의·조행 등으로 말하면 작업의 취사력을 얻게 하는 과목이다. 그리고 이 외에도 수시설교라는 과목을 두어서 무시간단(無時間斷)으로 삼대력을 아울러 배워 나가게 하였나니, 누구나 이 방식대로만 꼭- 공부를 한다면 한 달 만 하여도 이전에 5년이나 10년 할 공부는 될 것이고, 만약 10년만 전문적으로 한다면 100년 할 공부가 닦아서 될 줄 아노라.

그리고 진수성찬도 늘 먹으면 별미를 느끼지 못하는 것과 같이 우리 사람의 뇌수(腦髓)란 아무리 좋은 법이라도 한 가지로만 항상 되풀이 한다면 별 재미가 없는 것이며, 또는 다른 동무가 없이 나 혼자만 한다면 새로운 정신과 이상의 지견(智見)이

나지 않는 법이다. 그러므로 이 시간에는 좌선이나 염불을 하여 일심을 얻게 하고, 저 시간에는 경전이나 혹은 회화·강연 등으로 그 지혜를 단련시켜 알음알이를 얻게 하며 혹은 문목이나 처리건 등을 저술케 하여 실행력도 익히게 하였다. 뿐만 아니라 남녀 대중을 한 곳에 모아서 각자의 의견을 교환케 함으로 지혜가 나보다 훨씬 솟은 이의 말도 듣게 되고, 나보다 훨씬 떨어진 이의 말도 듣게 되며 혹은 나와 비등한 사람의 말도 듣게 되나니, 그런 때에 자연히 우리의 혜두는 단련되어 새로운 지견이 생겨나는 것이건만 아직도 이 묘리(妙理)를 절실히 느끼는 자 적으니, 내 답답하노라.

그리고 아까도 말한 바 재래 사원과 본회 선방의 제도를 비론(比論)들어 말하자면 빈자(貧者)와 부자의 살림살이와 같다 하리니, 가령 빈한할 때에는 집도 작고 기구 집물도 몇 가지 것이 못되어도 그대로 살아갈 수가 있었지만 만일 살림이 늘어서 부자 생활을 하기로 말하면 집도 늘려야 하고 방과 곳간도 많아야 하며 기구 집물도 각양각색의 것을 구비하게 장만하여야 할 것은 불가피한 사실일 것이다. 그와 같아서 재래로 말하면 출가 승려 몇 천 명만을 본위로 하였고, 공부로도 삼대력을 병득(倂得)케 한 것이 아니라 혹은 경전 혹은 염불 혹은 좌선, 이와 같이 각 단지게 단련을 시켰으므로 그 교화 방식도 단순하였지만 오늘에 있어서는 재가·출가를 망라하여 전 인류를 본위로

하였고 또는 누구에게든지 삼대력을 병진하도록 훈련을 시키나니, 그럼으로 부득이 교화 방식도 개혁 또는 보충하게 된 것이다.

보라! 과거의 제불제성도 이 삼대력 공부를 잘 하여 일심·알음알이·실행을 얻은 연고로 부처와 성인이 되어서 그 영명(榮名)을 천추(千秋)에 영전(永傳)하게 하였나니라, 제군도 완전한 인격을 이루어 제생의세의 목적을 달성하기로 말하면 삼대력 중 한가지만 부족하여도 안 되는 것이니, 행·주·좌·와·어·묵·동·정에 삼대력을 잊지 말고 얻어 행할지니라, 제군으로 말하면 나의 법을 배우고자 왔고 나로 말하면 제군을 가르치기로 이미 약조가 되었으니, 3개월 간만 꾹- 참고 나의 가르침을 배워보라. 과연 이 공부를 하면 우리 인생 생활에 실 효과가 있겠는가? 없겠는가도 대조하여 보아서 만일 유익이 없거든 그만 두고, 있거든 계속하여 특별한 인물이 되어 볼지어다.

그러나 입선 후 주의할 일 몇 가지가 있으니,

1. 입선 중에는 세념(世念)을 잊고 모든 것을 회중에 일임하며 제반 규칙에 절대 복종하라.

즉 일어나라면 일어나고, 자라면 자고, 먹으라면 먹고, 대답하라면 대답하고, 배우라면 배우고, 소제(掃除)하라면 소제하여 이의를 붙이지 말라.

2. 혹 의혹 나는 일이 있거든 3개월 동안만 희생하는 폭 잡고

견디어 보라. 참 정신으로만 공부한다면 어떠한 의혹이라도 춘설(春雪)녹듯 풀어질 날이 있으리라.

3. 각자의 권리를 포기하는 자는 얼음과 바램이 있을 것이고, 그 권리를 남용하는 자는 얼음과 바램이 없으리라.

4. 제가 무던한 듯이, 남의 지배는 아니 받으려 들고, 남은 제가 지배하려드는 것은 실격이다.

5. 자세히 모르고 아는 체 하여 사리간에 그릇 남을 가르쳐 주는 것은 이 또한 실격이다.

이상에 몇 가지만 준수하여 준다면 그런 사람은 반드시 큰 효력이 나타나서 어디를 가든지 환영 받는 인물이 될 것을 내 단언하노라.』

3

원기 25년 4월 8일(음), 총부 대각전에서 석존탄신 기념식을 거행할 때, 대종사 법좌에 나오시어 말씀하시었다.

『오늘은 석가여래께서 무상대도로써 무변중생을 제도하시기 위하여 지금으로부터 2967년 전(갑인甲寅 4월 초 8일) 이날 중인도 가비라국 정반왕궁의 태자로 탄강(誕降)하시던 성스럽고 기쁜 날이다. 그러므로 각 도 각 사찰에서는 각자의 힘과 성의를 다하여 이날의 축하식을 올리고 혹은 성극(聖劇)도 흥행하며, 꽃과 등(燈) 공양 등으로써 모든 신도들의 환희심을 일으켜 준다. 그러면 본회에서도 식장의 장엄도 잘 하고, 음식도 풍부히 장만하여 성대한 기념식을 올리는 것이 예에 마땅한 일이요, 도리에 떳떳한 일이겠거늘 이와 같이 초솔(草率)히 모시게 되니, 미안한 감이 없지 아니하다. 그러나 우리가 부처님께 대하여 정성이 부족하다는 것보다도 그 내면에는 여러 가지 이유와 사정이 잠재한 연고이니 대강 말하자면,

1. 조선 사회나 가정이 속인에 있어서 불법과 관련이 끊어지고, 따라서 불법이 없어도 일상 생활에 아쉬운 줄을 모르고 산 때문이요,

2. 이조 500년간 불법이 천대를 받았음에 전문 승려 외에는 부처님을 알지도 못하고 따라서 숭배자도 없었기 때문이며,

3. 불법이 전국적으로 별 도움을 주지 못하였을 뿐만 아니라, 도리어 불제자가 되려면 국가에 대해서는 국민의 의무를 놓고, 선조에 대해서는 후손의 책임을 못 지게 되며, 부모에 대해서는 자녀의 도리를 지키지 못하게 된 때문이요,

4. 불법을 가르쳐 줄 승려는 대개가 산중 사원에 있고, 그 사원은 수 십리 수 백리 외 산간벽지에 있으니 여간 사람은 한번 가서 구경도 못해본 것 등 때문이다.

이상에 말한 바와 같이 보통 사람은 불법과 연락이 없고 따

라서 불법을 알려고도 아니 하였으며, 불법을 믿으면 인도상 의무와 책임을 못 지키게 되었으니, 그 누가 신앙할 마음이 나며 숭배할 마음이 났겠는가.

그러나 이제는 모든 사람들이 불법을 믿고 이해하여 숭배하게 되었으니, 포교상 대단히 활발하게 된 셈이다.

제군이여, 제군은 이미 불제자가 되었고 신봉자가 되었으니 부처님을 존숭할 지며, 부처님의 축하 기념이 돌아오거든 장엄도 잘 하고 축하연도 배설(排設)하여 마음껏 정성껏 성대히 모시는 것이 가할 것이다.』

4

대종사 말씀하셨다.

『공자님의 도맥이 2500년 이어온 것은 자사의 중용이다.』

또 말씀하시었다.

『천명지위성(天命之謂性)이요, 솔성지위도(率性之謂道)요, 수도지위교(修道之謂敎)니라.

이 말은 백가시서(白家詩書), 주역(周易)보다 낫고 이 셋에 다 들었다.』

5

대종사 말씀하시었다.

『유교에 훌륭한 성자로 손꼽을 수 있는 분은 정명도다. 공자님 다음가는 분이다.』

6

대종사 제자들에게 말씀하시었다.

『너희들이 나를 몰라도 나는 걱정하지 않는다. 천년 후에라도 나를 아는 사람이 있을 터이니 나를 모른다고 내가 근심도 않고 좋아도 안 한다.』

7

송도성이 대종사께 여쭈었다.

『강선생(강증산) 같은 이와 최선생(최수운) 같은 이는 성인은 성인인데 계통 받은 제자가 없었으니 그 선생들이 뒷세상에 어떻게 되오리까?』

대종사 말씀하시었다.

『너희가 참 어리석도다. 오늘밤에 내가 말하는 것도 우리의 법이 이 세상에 드러나는 날에 그들도 드러나지 아니하겠는가 상당한 신용을 얻은 이가 말씀하는 대로 되는 것이니 하찮던 사람이라도 옳다하면 설 것이요 그르다 하면 서지 못하리라. 그러나 뒷 도인을 많이 도왔으니 뒷 도인은 전 도인을 추어 주리라.』

8

대종사 이공주와 계룡산 신도안을 가시어 '불종불박(佛宗佛朴)'이라 새겨진 바위를 보시고 빙긋이 미소를 지으셨다.

9

원기 17년 9월 6일, 예회순서가 끝난 후 《육대요령》 음강(音講)조사를 시작할 때, 임석하신 대종사께서 말씀하시었다.

『강사 1인이 중인(衆人)의 음강을 조사하자면 시간도 과비(過費)할 것이요, 또는 정신상 과로 될 것이니, 적당한 자 4인으로 1조씩을 정하고 그 중 강사 1인을 선(選)하여 음강을 조사케 하

며, 그 중 1인은 또 강사의 음강을 조사하여 호상(互相) 실습케
하되, 음강을 완료한 자는 의지(意旨) 연습도 이같이 하라.

본회 단 기관(團機關)은 본시 이 양식을 의미하여 존재한 것
이나 단법(團法)은 아직 미비하니, 이 법으로 대행하라.」

10

원기 15년 3월 28일, 제 3회 정기총회를 지낸 바로 그 둘째
날이었다. 대종사 하명이 계셔서 본회 간부와 각지 요인 일동
은 다시 회의실로 집합하였다. 장내는 심히 정숙한 중 처연한
기분이 저회(低廻)하고 있었다.

대종사 말씀하시었다.

『여러분 이번 총회를 제(際)하여 각 간부와 요인 제씨의 일치
적 고심 결과에 제반 회황(會況)이 무사 진행한 것은 오등(吾等)
전체의 다행한 바요. 따라서 제씨에게 일구(一句)의 감의(感意)
를 올리고자 한 바입니다. 또는 총회 준비 및 경과에 무수한 노
고를 당하심도 불구하고 금일 다시 이 같은 회의의 구속을 올리
게 된 것은 도리어 미안 난감(難堪)할 일이라고 생각됩니다. 그
러나 과거 14년은 금번 총회를 한하여 무사히 경과하여온 이상
이 앞으로 더욱이 실패없이 진행할 방책을 토의키 위하여 이 회

의를 개회한 것입니다.

　여러분, 본회 창립 이후 모든 방면이 점차 진보적 경향을 띠게 된 이 때에 만일 혹 실패가 있다거나 그 실패로 인하여 수포화 한다면 우리는 어느 방면으로 다시 머리를 두르겠습니까? 여러분, 불법연구회란 구성체를 표면시 할 때는 약간의 견실미가 있는 것 같지만, 만일 그 내부에 있어 파괴키로 한다면 반장(反掌)과 같이 쉬운 것입니다. 모든 사업이 이루기는 산에 오름과 같고, 흩기는 물을 아래로 내림과 같은 것입니다. 우금(于今) 본회가 30,000여원의 경제적 기초를 세우고 모든 기관이 완실히 진행된다 하지만, 그것이 본시 여러분의 능력으로써 성립된 이상 여러분이 파괴키로 한다면 일순간의 일입니다. 그 한 예를 들면, 본관 간부나 익산 지방 요인들이 공사에 무성의하거나 사리사욕을 세워 파괴를 주장한다고 가정한다면 불과 몇 개월 내에 본관 소속의 재산과 가옥까지라도 무형적(無形跡)하고 말 것입니다. 따라서 영광도 그러할 것이며, 경성도 그러할 것이며, 진안도 그러할 것이외다. 만일 그렇다면 본회의 형체는 어느 곳에 잔존(殘存)하겠습니까? 고심 참담한 10여개 성상의 나의 정력이나 여러분의 정신적 혹은 경제적으로 근로한 힘은 수포화하고 말 것입니다.

　여러분! 그러나 여러분이 무성의하거나 불충실하여서 파괴의 방면을 답습한다는 것으로 이 말을 하는 것은 아닙니다. 더욱이 충실하고 용감하게 이 사업을 확창키 위하여서, 확창의 반면 파괴의 일례를 거론한 바입니다.

여러분, 우리는 어찌하여야 실패 없이 만전을 기하도록 우리의 이상을 실현하겠습니까? 이날의 회의는 실로 그 의무가 큽니다. 지나간 총회는 형식상 1년 경과보고에 불과하지만, 오늘의 이 회는 사실상 본회의 진퇴를 결정하는 중대 회의입니다. 본회의 흥황과 쇠퇴는 오로지 이날 이 회석에 모인 간부와 여러 요인들의 두 어깨에 있고, 이 날 회의의 결과에 달렸습니다. 모든 간부와 지방 요인 제씨는 간격을 타파하고 흉금을 피력하여 그 방책을 토로하기 바랍니다.

그러나 나는 이에 있어 그 방책의 제목을 하나 들고자 합니다. 물론 그 방책은 우리의 단합에 있습니다. 우리의 육체가 다르고 성이 다르고 이름이 다르다 하지만, 그 정신과 맘과 뜻은 일괴(一塊)의 강철같이 견고히 단합하여야 할 것입니다. 그것은 나의 새삼스러운 변론이 아니더라도 여러분이 이미 양찰*(諒察) 하리라고 믿습니다.

그러나 문제는 그 단합에만 있지 않고, '어찌하여 단합이 되겠느냐?' 하는 데에 있습니다.

즉 말하면, '나와 간부와, 간부와 지방 요인간 어찌하면 소호(小毫)의 간격이 없이 동심일체로 단합하겠느냐?' 는 것입니다. 이에 대하여 여러분은 의견을 교환하고 절실히 알아야 할 의무가 있다고 생각합니다. 나는 여러분을 지명치 않습니다. 오직 누구를 물론하고 다년간 이 사업을 진행한 결과의 단합이 되고 못 되는 원인과 단합의 이로움과 단합치 못해서 해(害)를 사실로 경험한 분도 있으리라고 믿습니다. 그 경험이든지 추상이든지 간에 의견을 진술하기 바랍니다.』

이에 따라 조송광, 영광 간부 송규·조갑종, 익산 간부 김기천, 요인 송만경, 경성 간부 이공주씨 등의 충정에 우러나는 경험담과 추상담이 있었다. 만장한 대중은 대종사의 법어와 제씨의 충언에 감동치 않은 자 없었다. 떨어지는 눈물이 비 같은 분도 계셨다.

※양찰(諒察) : 헤아려 살핌

11

대종사 말씀하시었다.

『마령지부 설립지는 가파른 산 가운데 개국(開局)되어 거대한 촌락들이 듬성듬성 놓여있고, 토지가 비옥하며 물과 산이 풍요할 뿐 아니라 또 위치가 전주와 진안 통로 사이에 있어서 자동차의 통행이 연락부절(連絡不絕)하며 신설된 마령 시황(市況)이 점점 은성(殷盛)하여지는 경향이므로 범백물종(凡百物種)

을 이용함에도 아무런 곤란이 없다 한다. 인심은 극히 순후(淳厚) 진실하여 아직까지 어떠한 교회의 화염(化染)을 받아본 일이 없다 하니, 일개의 수도처가 구성됨을 지방 유지자로서는 갈망하게도 되었다.

건축물은 매우 화려하고 단아하여 문득 보는 자로 하여 쾌감을 가지게 하며 도량의 전후로 늙은 오동나무가 삼립(森立)하여 마치 십 수년이나 된 옛 터와 같이 보였으며, 음수(飮水)는 가까이 문전에 발견되어 수도의 곤란은 조금도 없다 한다. 건축비용을 물은 즉 500원 이내라 하는데 익산에서 그와 같이 하려면 1,000원이라도 될 수 없겠다고 생각하였다.

창립의 공훈자를 들려면 최도화의 열열한 성력(誠力)과 백반(百般)의 주선으로 겨우겨우 만들어 놓은 고(苦)의 결정이라 하겠으며, 박대완·송혜환 양인의 극력(極力)과 지방 회원들의 동정과 후원에 의하여 이룬 결과라 하겠다. 그리고 해(該)지방 유지이신 송재술 씨의 정신적 또는 물질적 양방면의 적극적 원조하에 모든 일이 지장 없이 진행하였다 하며 해지방 일반 회원들은 씨를 향하여 많은 감의(感意)를 가지고 있는 모양이다.」

12

　대종사 대각을 이루신 후 대원(大圓)을 말씀하시고 절목(節目·조목條目)의 제목을 쓰신 후 말씀하시었다.
　『옥추경·정정요론·음부경·금강경·선요·정관경·대학·중용·논어·소학은 곧 불(佛)의 형체와 선(仙)의 조화와 유(儒)의 범절을 밝힌 자이라, 이 유·불·선을 합하여 쓰는 자는 곧 대원(大圓)을 알고 쓰는 사람이요, 도가(道家)에 적자가 되나니라.』

13

　《불교정전》을 인쇄하려는데 일본글로 인쇄해야 허가해 준다고 일본인이 말을 했다.
　대종사 제자들에게 말씀하시었다.
　『일본글로 인쇄했다가는 불쏘시개가 되니까, 무슨 방편을 써서라도 한문 토 달고 한글로 인쇄하라.』

14

송적벽이 대종사께 말했다.

『지금 모든 교회가 사방에 현발(現發)하여 유불(儒佛)의 공부는 한정이 없다 하고, 주문을 읽으면서 하는 말이 '우리 공부는 하룻 밤에 도통하고 또한 좋은 운수가 돌아오면 세상것이 우리 것이라' 이러하오니 혹 그리되는 수도 있나이까?』

대종사 답하시었다.

『그 말이 옳다.』

이어 말씀하시었다.『속(速)히 공부하는 사람이 더디 되는 공부에도 들어가고, 운수를 바라고 세상을 취하는 사람이 운수도 돌아오고 세상사도 밝아지나니라.』

또 말씀하시었다.

『유불의 공부라 하는 것은 소금도 같고 물도 같나니라. 소금이라 하는 것은 짜고, 물이라 하는 것은 담담한 것이라. 이 두 가지를 말하면 이같이 별맛은 없으나 사람이 먹지 아니하면 곧 죽나니라. 만일 사람이 이 두 가지를 버리고 다른 물건을 취하다가 그 물건을 알고 보면 소금과 물을 다시 찾을지라, 다시 찾고 보면 소금과 물의 맛을 알고 운수와 세상을 보리라.』

15

대종사 문정규에게 명하사 정심편(正心篇)*을 낭독할 새, 중편(中篇) '상덕(上德)은 덕을 쓰되 덕이 덕이다 하는 데에 착(着)함이 없고, 하덕(下德)은 덕을 쓰면 덕이 덕이다 하는데 착한다.' 하는 말씀에 이르러서 대종사 좌우 제자에게 물으시었다.

「어떠한 덕이 상덕이며, 집착함이 없는 덕인고?」

오창건이 답하였다.

「상덕이라 하는 것은 대소유무와 시비이해를 알아 가지고 모든 용처를 당하여 마땅하게 처리함이요, 집착함이 없다 하는 것은 덕을 쓴다, 쓰지 않는다 하는 데에 끌리지 아니하고 다만 자기의 행할 일만 행하여 가는 것이옵니다.」

대종사 다시 물으시었다.

「어떠한 덕이 하덕이며, 집착함이 있는 덕일꼬?」

창건이 다시 답하였다.

「하덕이라 하는 것은 시비이해와 대소유무를 알지 못하고 모든 용처에 당하여 아무 생각 없이 다만 덕을 쓴다 하는 데에 끌려 다니나니, 이것을 가로되 집착이라 하나이다.」

※ 정심편 : 정정요론 하권에 있음.

16

　대종사께 한 여자 제자가 정녀들의 제복을 정해 줄 것을 건의하자 말씀하시었다.
　『정복이 있게되면 온갖 구속을 다 당할 터인데, 너희들이 그것을 어떻게 감당하려느냐!』

17

　새 회상 최초 9인 단원 중에 박세철이 키가 가장 작았다.
　한 사람이 9인 단원 중에 '세철이 점잖다' 고 하는지라 그 말을 들으신 대종사 말씀하시었다.
　『나도 오산(박세철)이 제일 얌전하다고 생각한다.』

18

　이동안이 교단 초기에 전무출신을 하다가 상처(喪妻) 하였으나 어린 자녀들을 사촌에게 맡기고 홀연히 떠나와 전무출신하며 총부건설에 헌신하였다.

이를 본 대종사 말씀하시었다.

『평생 독신 생활하기도 쉽고 또 죽을 때 해탈 할 수는 있으나 도산(이동안)이 한 일은 사람으로서 하기 어렵다.』

19

〈교무(敎務)〉라는 칭호를 붙칠 때 대종사께 제자들이 말씀드렸다.

『다른 종교는 목사 등 스승사(師)자를 붙이니 우리도 사(師)자를 붙이는 것이 좋지 않겠습니까?』

『앞으로 법위에 오를 때 정사(正師), 원정사(圓正師), 대원정사(大圓正師)가 있지만 우리 교무는 똑같은 평등의 입장으로서 전 교도나 전 국민이나 전 인류의 입장에서 가르치는데 힘쓰고 노력한다는 의미이다.』

20

대종사 영산에서 말씀하시었다.

『법성에서 여기 오는 것이 산태극 수태극이다.』

21

한 사람이 대종사께서 진리를 일원으로써 표현하신 것을 보고 '최고의 예술가' 라고 찬탄하였다.

22

원기 9년 이공주가 대종사를 친견하고, 이듬해부터 서울교당 주무로 부여받은 후, 원기 15년 9월부터 서울교당 교무로 명을 받게 되었다.

공주가 대종사께 총부에 갈 뜻을 말씀드리니 대종사 조금 뒤로 미루라 하시며 말씀하시었다.

『서울지부는 집도 협착하고 유지 형편도 어려우니 공주가 여기 있어서 집이라도 하나 마련해 놓고 유지대책을 세워 놓은 뒤에 나오는 것이 좋을 것 같다.』

그리하여 공주는 전무출신 서류에 원기 17년 7월에 전무출신 한 것으로 되었다.

교도들이 차츰 불어나 장소가 협소하여 불편을 격게 되자 새로운 교당을 마련하려 할 때 돈암동에 터가 나왔다는 소식을 접하고 공주가 대종사를 모시고 몇몇 요인과 가 보았다.

대종사 6,000여평의 땅을 둘러보시고 흡족해 하시며 말씀하시었다.
　『수도원 기지로는 하늘이 주신 곳이다.』
　그후 원기 17년 5월 총부에서 오창건이 파견되 교당건축을 감독하여 그해 10월 준공하였다.

23

　대종사 어느 날 공식석상에서 김대거를 칭찬하시었다.
　『대거가 쓰겠다. 집에서 밥을 먹고 다니면서도 총부보다 이상 되는 반찬은 먹지 않고 다니니 얼마나 장한 마음이냐.』

24

　대종사 모든 제자들에게 말씀하시었다.
　『내가 홀로 있을 때에는 사방으로 자유자재하여 조금도 막히고 걸림이 없더니, 제군을 만난 이후부터 나의 몸과 마음을 온전히 제군에게 구속되었노라. 그러므로 나는 혹 하고 싶은 일이 있으나 제군을 위하여 하지 아니하며, 혹 하기 싫은 일이 있으나 제군을 위하여 행하며, 혹 하고 싶은 말이 있으나 제군을 위하여 말하지 아니하며, 혹 하기 싫은 말이라도 제군을 위하여 부득이 말하고, 이리저리 하는 것이 여러 가지 형편과 제군에게 이해(利害)됨을 생각하여 함이요. 조금도 나에게 임편(任便)하고 마땅한 데로만 좇아가지 못하노라.」

25

대종사 항시 자녀들에게 말씀하시었다.
『너희는 이제 본회 육영부로부터 그 학자금을 받아 공부를 하게 되었으니, 너희는 그것을 부채로 아는 동시에 모든 학과를 마친 후에는 몇 배의 보답을 하여야 너희들이 처세할 만한 인물이 될 것이다.」

26

원기 15년 10월18일 오후에는 대종사와 성성원이 부녀지(父女之) 결의식을 거행하기로 하여 당일 오후 3시경에 일동이 좌정한 후 결의식을 행하려 할 새, 이공주가 대종사 전에 말씀드렸다.

『공주가 영신을 시녀로 정하온 본의는 전에도 말씀드린 바와 같이 은모(恩母)의 안일과 명예를 구함이 아니 오라, 오직 영신이 전무출신을 하여 공사에 헌신하려 하오나 무산(無産)하여 공부를 할 수 없으므로 영신을 공부시킴은 곧 본회 사업을 하는 것이므로 소위 은모시녀가 되었었고, 또 전권도 공주에게 뜻이 없지 않다 하와 또 결의식이라도 할까? 하였었더니, 이제 오늘은 대종사님께옵서 성원을 시녀로 정하옵시니, 이러한 법이 있사올진대 영신과 전권을 대종사님 전에 시녀로 바치옵고 공주는 힘 미치는 데까지 이전과 다름없이 원조하여 주겠습니다. 그러면 공주는 개인의 시녀를 둘 것이 아니라 일보를 나아가 사요(四要) 중 하나인 '타자녀교육'을 하는 셈이 되오며, 영신·전권으로 말씀하오면 대종사님을 아버님으로 모시게 되오니, 또한 공주를 은모로 하는 것보다는 전진상 많은 유익이 있을 줄 압니다.』

대종사 공주의 말을 들으시고 말씀하시었다.

『너의 말이 좋다. 그러나 영신은 기왕에 너와 결의식을 하였는데 나의 딸을 삼으라 하니, 너의 딸도 되고 나의 딸도 되라는 말이냐? 만일 전에 결의서를 취소시킨다면 그리하여도 좋으나 만약(若) 그대로 둔다면 못한다.』

공주가 즉석에서 전(前) 결의서는 취소하기로 영신·전권에게도 의견을 물으니 갱론(更論)할 것도 없이 소원이라 하여 일시에 신(新) 3형제가 되니 성원·영신·전권 차제로 대종사께 사배를 드려 부녀지례(父女之禮)를 드리고, 다음은 신 형제간에 예를 찾은 후 세 따님에게 최초법어를 낭독하고 간단하게 대종사 훈시를 하신 후 무사히 파석하고, 대종사님을 모시고 과일공양을 하였다.

27

원기 24년 12월 31일, 총부 예회 겸 정남정녀 열반 기념일이었다. 대각전에서 오전 예회를 마치고 오후 정남정녀 열반 기념식에서 대종사 말씀하시었다.

『정남정녀에 대하여 보고를 자세히 하는데 등록자 4명(남녀 각2인) 각자가 스스로 서원한 뒤 정남정녀를 욕심 내어 실행하였다. 본회에 처음 왔을 때 본회가 넉넉지 못하여 수용하지 못하였으나 스스로 일하며 전무출신을 하겠다 말하므로 허락하였다. 공부를 안 하면 쓰일 곳이 없어서 전무출신을 위해 공장에 갔다가 우연히 병을 얻어 죽으니 서약한 중도에 갔다.

이 회원들은 보통과 다르다. 지금 현존하는 것으로는 결과를 알 수 없으나 그 생각은 좋았으나 공덕이 없다. 그러나 스스로 마음을 바꾸지 않았으므로 자격이 충분하다. 종순(吳宗順)은 공(功)이 없으나 출가 후 5년을 고생하다 떠나갔으니 전무출신을 그르친 것은 아니다.

남자도 역시 서원하고 4년 동안 노력하며 준비중이었다. 대개 사람들은 모두 처(妻)가 있으나 결혼을 하지 않고 본회를 위하여 일했다.

처음에는 개인의 생각으로 왔으나 공사하지 않으려면 사가로 돌아가라, 공사를 원한다면 간판만으로는 전무출신 실행은 어려우며 우리의 실행을 못하게 하는 것이다. 전무출신의 말에 맞추어 실행할려면 사(私)에 끌리지 않는 정신이라야 본회가 발전한다.

전무출신하는 사람은 한 편에 치우치지 않는 정신이라야 한다.

재문(李載文)은 사(私)를 버리고 만덕산에서 악전고투했으니 정남 1호에 들리라.

말과 같이 사(私)에 끌리지 않는 사람이 우리 전무출신 중에는 있으나 세인(世人)들은 불가능하다. 재래 불교는 결혼을 불허하나 본회는 자유로 한다. 사가(私家)에 돌아가지 않고 오랫동안 정남하는 사람은 본회에서 가장 존대받을 사람이다. 전무출신의 사가생활이 고(苦)가 많나니라. 자기가 나오면 자녀교육 등으로 부모처자가 고(苦)가 많음도 불고하고 전무출신하니 또한 본회에서 가장 존대받을 사람이다.

이런 사람을 존대하지 않으면 본회가 이루어지지 못할 것이다. 이들이 본회의 생명이다. 만약 전무출신이 없고 회중(會中)에 사람이 없으면 어떻게 운전해 나갈 것이냐. 창립주에 대한 기록 또한 회원의 의무와 책임을 다할 때 같이 기록 할 것이다.

참으로 우물 팔 때의 힘과 같이하면 실로 좋을 것이다.』

28

원기 24년 7월 29일, 대종사 서(西)선원에 나오시어 감독자로써 주의 할 바를 말씀하시었다.
『1. 몸가짐을 아랫 사람들로 하여금 신념을 얻게 하라.
2. 사무는 평상시에 상식을 충분히 준비하라.
3. 말과 행함이 같으라.』

29

원기 25년 하선 때 금강원에서 노인선원 몇 사람과 여학원이 합숙으로 사용하였다. 대중이 함께 사용하다보니 각종 생활도

구를 주의 없이 사용하는 경우도 있어 이를 본 한 학원생이 정돈을 하며 '예의도 없고 하인만도 못하다, 쌍것인가? 같잖은 것' 이라 생각하며 보기 싫어했다.

어느 날 대종사 그 여학원생을 만나자 말씀하시었다.

『남의 잘못한 걸 보면 그것을 선생으로 봐야 마음공부 잘 하는 것이다. '같잖은 것, 보기도 싫다' 하지 말라. 선악이 다 스승이다. 장차 부처가 되자고 온 애들이니까 보기 싫어도 잘 보아야 한다.』

30

총부 대중이 출역하여 서숙 밭에 풀을 매러 갈 때 대종사 말씀하시었다.

『성숙·우연이 너희는 풀 매러 가지 마라.』

정성숙과 권우연은 섭섭해 몰래 산으로 숨어서 서숙 밭에 가 이공주가 풀 매는 옆에서 고개를 숙이고 '풀도 많은 데 왜 못 오게 하셨나?' 의심하며 풀을 둘이서 싹 뽑았다. 깨끗이 잘 했다는 소리를 들을 줄 알고 신나게 뽑았다. 조금 있다가 서무부장이 조사하러 와서 보고는 놀래어 『큰일났네, 공주씨하고 우연·성숙 세 사람이 서숙을 싹 뽑아 놓았다.』 하며 큰일이라고 하였다.

31

대종사 이동진화에게 부탁 말씀을 하시었다.
「동진화는 여학원들 좀 잘 보살펴주어야 하오. 우리가 그 애들의 부모가 되어 부모 대신 잘 살펴 돌보아 주어야 하오. 혹시 아픈 애가 있는가, 외로워하는 애가 있는가, 재미를 못 붙인 애가 있는가, 두루두루 살펴서 잘 챙겨 보아주오. 잘 거두어 주오. 내 대신 잘 좀 살펴주고, 챙겨주고 부모 대신 우리가 신경을 써 주어야 하니까, 잘 하여주오.」
동진화는 대종사의 말씀을 받들어 후진들을 잘 챙기고 지도하여 교단의 어머니라고 불리었다.

32

대종사 이공주를 치하하며 말씀하시었다.
「공주는 우리 회상의 큰 보배요, 이 대도회상 초창 때 재산을 많이 가지고 와서 궁색을 면하게 하여 주었고 기초를 세워 주었으며 또 나의 법문을 수필하여서 경전을 만들게 하여 주었으니, 공주는 법낭(法囊)이요, 그 공덕으로 복을 많이 받게 될 것이요. 또 공주는 정녀들을 맡아서 잘 살펴주고 책임을 저 주시오. 내가 공주를 안 만났더라면 큰 회상 펴나가는데 어찌할 뻔 하였던지 참으로 소중한 인연이요, 복 좀 받을 것이요. 공주 모자(母子)가 내 머리를 이렇게 시원하고 즐겁게 하여 주었으니, 복 받을 것이요.」

33

원기 20년 9월 10일(음8월31일) 오후 8시에 총부 강당에서 통치조단 임시위원회를 개회하였다.

대종사 법좌에 오르시어 말씀하시었다.

「금번 조직위원회를 개최하는 것은 정수위단원 중 삼산 김기천이 열반하였으니 불가불 그 자리를 보결하여야 될지라. 그러므로 본 위원회를 개최하는 바이며, 그러자면 단규 제 12조에 의하여 조직위원를 선거하여야 되겠으니 제군은 각각 선거하라.」

대종사의 하명이 계옵심에 각인의 동의 재청으로 조직위원을 선정하였다.

대종사 말씀하시었다.

『제군들이 이미 조직위원으로 선정되었으니, 각자 의견대로 금번 열반한 김기천의 보결원을 선정하려니와, 정수위단의 자격으로 말하면 단규 제 8조대로 하자면 이에 전부 합격자가 희귀할 것이니, 그 중에 가급적 합격자로 하되 현재 제군의 이해하는 중에는 연고자(年高者)로 송벽조·박대완·유허일 등이 있고, 연소자로는 서대원·김흥철·이완철 등이 있으나, 현 수위단원 중 연고자가 많은 만큼 차제 열반이 있을 것은 사실이요, 따라서 연소자는 거개 보결원으로 들어가게 될지라. 그러므로 금번은 연고자 중에서 선정하되 직접 사무취급을 할만한 사람으로 선택해 보라.』

하시니, 송혜환은 서대원을, 유허일은 송벽조를 추천하는 외에 전부 유허일을 지명한 즉, 유허일 즉석에서 응답하여 말했다.

『입회한 시일로나 공훈으로나 지식으로나 여러 방면으로 부적당한 이 사람을 그처럼 애호하여 주시니 감사 무지 오나, 외람이 여러분의 동의를 취소하여 주시라고는 할 수 없지마는 대종사께옵서 다시 하명하시와 적당한 자격자를 선택하여 주시기를 의원(依願) 하옵나이다.』

대종사께서 말씀하시었다.

『정수위단으로 말하면 본회 최고 지배기관이니, 그 보결원을 선정하는 것은 실로 중대한 일이나, 누구나 물론하고 중인의 신망이 돌아와 피선거가 된 이상에는 자기의 정신·육신·물질 3방면을 오로지 이에 다하여 그 중차대한 의무를 감당할 공고한 자신이 있는가 없는가 자체를 반성하여 볼 뿐이요. 타인이 나를 선거하고 안하는 것은 관계 할 바가 없이 오직 중인의 지도에만 순종해야 할 것이 아닌가?」

대종사의 말씀 받들어 유허일 즉석에서 말했다.

『저 역시 당초에 사가를 처리하고 단연 전무출신 할 때는 그만한 각오와 자신은 이미 가진 바이오니, 이제 다시 무슨 변심할 리가 있사오리까마는 다만 수위단의 의무만큼은 자격 불감당으로 사양 할 바이오니, 십분 통촉하옵소서.』

대종사 다시 말씀하시었다.

『허일에게 그만한 결심과 각오만 있다면 일은 이미 중인의 추천을 받은 이상 용이히 가결되었으니, 허일로써 기천의 보결원을 삼거니와 이상에 말한 바와 같이 수위단은 본회 중요 기관인 만큼 금일로써 허일의 지행을 조사하여 수위단의 자격 여하를 시험하여서 만 3개년 후에 정식으로 보결식을 거행하고 그 때부터 정식 보결원으로 인정할 것이며, 그간에 만일 허일의 지행상 자격 불충분한 점이 표현될 시는 다시 변경할 수도 있을지니, 지금은 보결이 아니고 곧 수위단시보(首位團試補)라 명칭할 지라, 제군은 이대로 양해하라.』

대종사 다시 말씀하시었다.

「열반한 오산 박세철의 보결원으로 이미 이동안으로 시보(試補)를 세웠으나, 본시 연고자는 만 3개년으로 시험기한을 하고 연소자는 만 6개년으로 시험 기한을 정하였는데, 동안으로 말하면 벌써 만 6개년의 시험기를 통과하였으니, 금일로써 정식 보결원으로 인정한다.

또는 이산 이순순, 육산 박동국, 칠산 유건으로 말하면 비록 생존은 하였으나 재가(在家)하여 수위단 직무를 이행치 못하게 되었으므로 수년 전에 송도성·전음광·조갑종 3인으로 각 각 그 대리인을 정한 바 이 또한 만 6개년을 경과하였으므로, 금번에 이를 정식 대리인으로 승인할 터인바, 그러자면 허일과 동안 그리고 도성·음광·갑종 3인은 각각 식을 거행하여야 하겠는데 이는 중대한 일인만큼 식이라도 존엄하게 하여야 되겠으니, 후일 유허일 보결식 거행시에 행하기로 한다

그리고 동안과 허일은 법호를 줄 것이니, 동안은 도산(道山), 허일은 유산(柳山)으로 칭호할 것이며, 도성·음광·갑종 3인으로 말할지라도 대리식을 행할 시호를 줄 것이니, 그리 알라.

그러나 이 호로 말하면 정식 법호는 아니고 다만 수위단은 최고 지위인 만큼 그 지위를 존중하자는 의미에서 주는 호이요, 정식 법호는 어느 때든지 법강항마부 승급시 수여할 것이니, 그리 알라.」

시간이 10시 가까이 되어 조직위원회를 마치었다.

34

대종사 제 4회 남자 정수위단 조직위원회 개회겸 훈사로써 말씀하시었다.

『본 개회의 목적은 원기 26년 5월 11일 고 도산 이동안의 보결을 서대원으로 하였으나 그간 서대원이 전무출신의 도를 밟지 아니하고 자유 입산(입산독습정入山獨習定)한 일로 인하여 부득이 전무출신부에 탈퇴되는 동시에 자연 정수위단에도 탈퇴하게 될 것인즉, 규정상 그 보결원을 선거치 아니할 수 없는 형편이므로 금일 제 위원의 집합을 구하여 그 보결원을 선거하자는 것이니, 이에 대하여 제 위원 중에 의견이 있을 시는 원려(遠慮)말고 개진하라.』

하시며 또 말씀하시었다.

『서대원으로 말하면 원래 저의 심리가 이 법에 대하여 신앙심이 부족하거나 또는 영원히 본회를 이탈할 생각으로 그러한 것이 아니고, 다만 어리석은 마음으로 일시적 전문 습정(習定)하여 독특한 신력을 얻고자 한 것이 틀림없는 사실인 것은 일반이 대개 짐작하는 바이니, 제 위원도 이 점에 대하여는 미리 생각하여 두어야 할 것이다.」하시니, 때에 유허일이 발언하였다.

『보결을 하자면 거년 탈퇴 당시에 할 것이온데 그간 시국상 집회하기가 곤란한 점이 있어서 금번 총회 후까지 밀려 온 것인 바, 요사이 와서는 본인이 개과위언(改過爲言)하고 현재 경성지부에 내왕하였으니, 기위 밀려온 끝인즉 그 후 동정 여하를 한 번 더 관찰하기 위하여 기정간(幾淨間) 유예하심이 어떠할까 합니다.』

대종사 다시 말씀하시었다.

『원칙은 전무출신 탈퇴 즉시에 수위단은 이미 탈퇴된 일이라, 단 보결원 선거에 한하여서만 거년에 할 일을 금년에 할 뿐이니 다시 유예할 것은 없고, 혹 모든 사람이 서대원의 심리를 생각해서 과거 잘못을 좀 용서한다면 서로 선거하는 중에 혹 후보자 1인으로 두고 볼 수는 있으나 그것도 정식 법칙은 아니다』

이때 김대거가 발언하였다.

『서대원씨로 말하면 지금 전무출신에서 탈퇴되어 있으니 수위단에 유예 또는 후보의 자격이 없은 즉, 그분의 후일 동정을 살펴서 만일 새로이 전무출신의 도에 충실한다면 종후(從後) 기회를 따라서 다시 피선권을 줄 수 있으나, 금번은 후일의 법을 세우기 위해서라도 서대원씨를 여기에 논할 바가 아닙니다.』

김대거의 진술에 만장이 즉시 찬동하여 가결하고, 새로이 후보자로서 이완철 · 송혜환 · 김대거 3인을 지정하여 각 위원이

투표를 행한 바 이완철이 최다득표로 당선되었다.

35

원기 26년 1월, 대종사 제자들에게 말씀하시었다.

『누구나 처음 전무출신 할 때에는 대개가 남을 위하여 나를 희생하겠다는 생각 즉 회중을 위하여는 어떠한 천신만고가 있다 할지라도 감수하겠다는 선한 마음으로 나왔다. 다시 말하면 각자의 친절 무간한 부모 형제 처자를 이별하고, 오직 부처님의 자비사업을 본받아서 악도 중생들로 하여금 선도낙지(善道樂地)에 인도하겠다는 보살의 마음을 가지고 나왔다는 말이다. 그러나 날이 가고 달이 지나며 해가 바뀌는 동안에 점진적으로 그 마음이 변하여져서, 마치 고무주머니의 바람 빠지듯, 먼저 선한 마음은 없어져 버리고 사리사욕의 악한 마음 즉, 회중의 물질 손해를 보이고 명예 손상을 시켜서라도 제 욕망만 채울수 있다면 어떠한 불의라도 감행할 자 있나니, 비하건대 도적이 들어와 주장을 하면 주인은 살수가 없는 것과 같이, 악한 마음이 들어와 주장을 하게 되면 선한 마음은 쫓겨나고야 마는 것이다.

그리고, 또 어떠한 사람은 처음에 불법연구회는 돈이 많다 하니까 혹 얻어먹을 것이나 있을까 하고 나온 사람도 있고, 또 어떠한 사람은 자기 집에서 천역(賤役)일 하기 싫으니까 마른자리에서 공부나 좀 하여 볼까 하고 나온 사람도 있나니, 말하자면 사리사욕을 채우기 위하여 야심을 가지고 나온 사람도 있다는 말이다. 그러나 그런 사람도 시일이 지나가는 동안에 옳은 말을 많이 듣고 바른 법을 깨달음에 따라 양심이 회복되어 먼저 불량한 마음을 참회 개과할 수도 있나니, '내가 나쁜 일을 할 터이면 차라리 개인에게 가서 하지, 이런 공가에 와서 중인에게 해독을 끼치고 오손을 시켜서야 쓰겠느냐, 이것은 회중에 미안할 뿐만 아니라 필경은 나에게 큰 죄악이 미치고야 말 것이니, 어찌 두렵지 아니하랴' 하고 곧 마음을 고치는 사람도 있을 것이다.

바꾸어 말하면 공심을 가지고 나와서 이욕심이 길어날 수도 있고, 이욕을 가지고 나와서 공심가로 변할 수 있나니, 만일 사리(私利)를 위하여 공가에 손해를 준다면 그런 무리는 지금 앉아서 어느 날 어느 시에 벼락 맞아 죽겠다고 단언할 수는 없으나, 그러나 필경에는 죄과가 어찌 무섭지 아니하랴? 그 반면에 사욕심을 버리고 공가에 유익을 끼친다면 그런 사람의 앞날에는 반드시 복락이 올 것도 또한 명약관화의 사실인가 한다.

제군은 어느 편을 따르려 하는가? 여러 말 할 필요도 없이 대공심가가 되어야 할 것이니, 그래야만 전무출신자의 본 목적이요, 재가회원도 자연 그러한 선한 사람의 행동을 체받게 될 것이다. 그런데 만일 이욕심이 주장되어 공가에 손해를 끼치게 된다면 그런 인물은 차라리 사가로 돌아가는 것이 피차를 위하여 옳은 일이라고 생각된다.

 그런 즉 제군도 처음에 공심을 가지고 나왔거든 그 착한 마음을 더욱 강조할 것이요, 만일 불량한 마음을 가졌거든 이 즉석에서 금강이도(金剛利刀)로써 사정없이 끊어버리고 대공심 대보살심을 키워주기 부탁하노라.』

36

 대종사 변산 봉래정사에 계시던 어느 해 여름, 영산에 가시었다가 봉래정사에 돌아오시었다. 이때에 오창건과 송도성이 정사에 거(居)하고 있었다.
 대종사 말씀하시었다.
 『내가 영산에 다녀온 사이에 너희는 육신으로 근고(勤苦)하여 의식을 능히 자공(自供)하였느냐? 여유가 있어서 저축이 되었느냐? 의식지계(依食之計)가 되지 못하였느냐?』
 오창건이 대답했다.
 『저의 근고(勤苦)한 것과 먹고 쓴 것을 비교하여 보면 항상 부족하더이다. 의식지계가 되지 못하더이다.』

대종사 말씀하시었다.

『도 배우는 자가 마땅히 먼저 자신할 방책을 안 후에야 백 천 만 가지 일을 이루는 바탕이 되나니, 제 몸 하나도 스스로 끌어 가지 못하는 사람이 어찌 큰 도덕 배우기를 뜻하리요, 지금 자네의 말을 들은 즉 근고하여 장만하는 것이 의식 용도가 부족 된다 하니, 참 큰 걱정꺼리로다. 전일 재가하여 있을 때에는 부모처자의 은혜로 의식에 아무 염려없이 지냈거니와 이제는 출가하여 각기 사업을 이루려 하니, 부모처자의 보호가 끊어졌도다. 그 보호가 끊어졌으되, 자작자급(自作自給) 할 줄을 모르니, 무엇을 먹고 무엇을 입으면서 공부하겠느냐?

먹지도 아니하고 입지도 아니하면 차고 주림에 견디지 못하여 만사를 불성(不成)하리라.

만약 공부를 성취하여 도덕의 광명이 원근(遠近)에 비쳐서 세상의 보호가 있다면, 그때에는 육신으로 근고치 아니하고도 능히 자신을 보호하며 세세생생 무루(無漏)한 복록을 지을지나, 그러하기 전에는 공부하는 사람의 직분이 자작자급함이니, 조금도 남에게 의뢰하지 아니 하여야 하나니라. 만약 남에게 의뢰하였다가 남의 보호력이 없으면 나의 공부, 나의 사업을 그만 둘 터인가? 나는 이번 영산에 가서 몸으로써 방언하는데 종역(綜役)하여 현금 100원을 장만한 바 30원은 식사비용 및

각 용비(用費)로 쓰고, 30원은 조합 중에 저축하고, 40원은 빈민을 구제하였으며 또 법으로써는 삼천대천세계를 향한 교육인 바, 교수료로 수입금이 5,000여원에 달했다.」

37

 대종사 부산에 가시었다. 부산 교도들이 하단지부 김기천교무는 옷을 드리면 길면 긴 대로 입고 짧으면 짧은 대로 입었다. 그러나 대종사는 길으나 짧으나 몸에 맞추어서 입으셨다.
 그것을 본 교도들이 대종사를 기천보다 못하신 것 같다고 하였다.
 그런데 기천이 대종사 생각하시길 당신 할아버지보다 더 받드는 것을 보고 교도들이 저 양반이 거짓으로 그러는가 참말로 그러는가 했다
 그 후 그 교도들이 총부에 와 선을 나면서 대종사를 뵙고 땅바닥을 치며 말하길 '참! 우리 눈이 고기 눈이었던가 보다' 고 했다.

38

 원기 15년 윤 6월6일, 예회에서 강사 김기천이 등석하여 《유래서(由來書)》1편을 낭독 한 후 바로 질의를 시작하였다.
 그때, '생활·지식의 양 근원을 삼는다' 는 구절에 들어가 특히 대종사의 많은 보설이 있으셨다.
 대중은 이제야 유래서의 진취(眞趣)를 얻은 듯이 즐거워 마지않던 차, 대종사 물으시었다.
 『너희들 이제껏 근원을 장만하였으니 살림살이 구경이나 좀 하여보자.』
 대중은 미쳐 말씀도 끝나기 전에 쟁두선진(爭頭先進)하여 각자의 살림을 구경시키려 하던 판에 백발이 펄펄한 문정규가 홀연히 일어나서 『내 살림을 구경하시오』 하더니, 두어말 할 것 없이 춤(舞)으로 내놓으면서 피마디 튀는 듯한 목소리로 본회 〈취지서〉1절을 낭독하였다. 이래 정숙하였던 장내는 별안간 대소극(大笑劇)을 연출하였으며 대종사께서도 보시고 웃으시며 말씀하시었다.
 『정규 살림살이도 오쟁이는 면하였구나.』

39

　서중안이 명주옷(明紬) 한 벌을 하여서 대종사께 올리거늘, 대종사 말씀하시었다.
　『이제는 나의 일이 차차 그릇되는 도다. 내가 전일에는 일찍이 명주옷을 입어보지 아니하였더니, 오늘날 명주옷을 입게 되니, 반드시 머지 않아 비단옷이 생길 것이요, 비단옷을 입으면 장차에는 무명옷도 생기지 아니 할 근본이니라. 어떠한 연고냐 하면, 내가 지금 이 명주옷을 입고 보면 또 다른 사람이 의복을 하여주기로 할 진대, 반드시 명주보다 나은 비단옷을 하여 줄 것이요, 비단옷을 입고 보면 비단옷을 항상 하여 줄 사람은 없을 것이며, 무명의복으로는 감히 드리지 못하여 나의 의복이 귀해질 근본이되리라.』

40

　대종사 봉래정사에 계시면서 제자들과 낮에는 일하고 저녁에는 법설을 하시었다.
　월명암 백학명 선사가 대종사께 무엇하고 사시느냐 여쭈니 말씀하시었다.

『낮에는 일하고 밤에는 진리를 설하지요.』

학명선사 말했다.

『그러니까 도깨비들이 실상사 지붕에 붙어 있다가 갈리고 하는 것을 몇 번 보았습니다.』

41

원기 15년 5월 28일(음 5.1), 대종사 이동진화·이공주·신원요와 함께 금강산 탑승길에 올랐다.

금강산 여행 셋째 날 (5월30일)에 삼불암, 표충사, 보덕굴, 마하연을 거쳐 오후 7시경에 반야암에서 만회암으로 내려오는 도중에 다람쥐 한 마리가 길가 화장실 지붕 위에 올라가 있는 것을 본 대종사께서 작은 돌맹이 하나를 집어들어 무심히 다람쥐에게 던졌다.

달아나던 다람쥐는 그 돌을 맞고 돌과 함께 땅으로 떨어졌다.

대종사 곧 가시어 그 다람쥐를 집어들었으나 다람쥐는 머리에 돌을 맞아서 피를 흘리며 신음하고 있었다.

이를 본 대종사 말씀하시었다.

『내 무심히 귀여워 돌 하나를 던져 보았더니 네가 그만 죽었구나, 너도 한평생 다람쥐 노릇만 하여서 쓰겠느냐. 막 떼를 썼구나.』

대종사 다람쥐를 땅에 내려놓으시고 만회암으로 내려 가셨다. 조금 후 공주가 다시 올라가 다람쥐가 죽은 것을 보고 묻어 준 후 내려와서 대종사께 말했다.

『그 다람쥐 참 이상한 일이옵니다. 사실 팔자가 늘어졌습니다.』

공주의 말을 들으시고 대종사 말씀하시었다.

『저도 금강산 다람쥐 노릇만 하여 쓰겠소. 평안북도로 갈 것이오.』

42

원기 15년 5월 29일(음 5.2), 대종사 금강산 여행시 영원조사가 득도한 영원암에 도착하여 스님의 안내로 영원암에 대한 역사를 들으셨다.

점심 공양을 마치고 영원암을 떠나시며 대종사 영원암 승려에게 '방구(房口)드리오' 하고서 나오시다 '다음 또 온다는 절 문자' 라고 하여 배종했던 이동진화 · 이공주 · 신원요 등이 크게 웃었다.

영원암에서 돌아오는 길에 대종사 시 한수를 읊으시었다.
『보습 영원경(步拾靈源景)
영원 개골여(靈源皆骨餘)』
"영원암의 경치를 걸어다니며 즐기니
 영원암이 빈 껍데기만 남았구나."

43

원기 15년 5월 30일(음. 5.3), 대종사 금강산 여행시 보덕굴암을 둘러보시고 말씀하시었다.
『참으로 기도터다.』
이튿날 대종사 나옹대사가 조성하였다는 미륵보살이 결가부좌한 묘길상(妙吉祥)에 도착하여 구경하시고 잠쉬 쉬시면서 말씀하시었다.
『나옹은 석공노릇도 잘하였다. 이와 같이 산간으로 돌아다니며 소리없는 장난을 하였건마는 중생을 제도하였구나.』

44

　원기 15년 6월 2일(음5.6), 대종사 내금강 구경을 마치시고 외금강으로 향하여 온정리 금강여관에 여장을 풀었다.
　6월 3일은 대종사의 감기와 비가 온 관계로 금강여관에서 휴식을 취하고 이튿날 이동진화 · 이공주 · 신원요와 함께 신계사 구경차 대종사는 여관에서 우산을 빌리고 이동진화는 양산을 이공주 · 신원요는 농립을 쓰고 출발하였다.
　비가 오는 가운데 금강여관을 출발하여 신계사를 가는 도중 비가 많이와 극락현 고개에 있는 다점(茶店)에 잠시 비를 피하려 하였으나 비가 많이 오는 관계인지 다점문을 열지 않아 다점 밖에 의지하여 비를 피하고 있었다.
　그때 온정리 풍악여관에서 심부름하는 아이가 우산을 가지고 신계사를 가는 길이라 우산을 빌리어 신계사에 도착하였다. 신계사에 도착하여 대종사 일행이 외금강 올 때 동행하며 길 안내를 하였던 신계사 김해운 주지의 안내로 절 구경을 마치고 법당 옆방에서 접대를 받았다. 신계사에서 금강여관으로 돌아가기 위하여 올 때 들고 왔던 공주의 단장(短杖:짧은 지팡이)을 찾으니 없어서 스님들도 같이 찾았으나 찾지 못하자 스님들이 미안해하였다. 하는 수 없이 돌아오는 길에 극락현에 있는 다점에 와서 본 즉 잃은 줄 알았던 단장이 그곳 의자 위에 비를 맞고 있었다.

　공주는 다점에서 우산을 빌리어 쓰고 신계사를 가면서 단장은 그곳에 둔 채 우산만 들고 갔던 것이다. 공주가 신계사 스님들에게 미안하여 근심됨을 대종사께 말씀드리니 말씀하시었다.

　『비는 오고 아니 들었던 우산을 드는 머리에 먼저 들었던 단장은 잊기가 쉽고 절에서는 찾아 보다가 나도 꼭 가지고 오는 것을 보았다고 한 것이니 오늘 일은 모두 부득이 그리 된 것이라, 공주의 과실은 내 법기보살에게 통지하여 사하여 주리다.』

　하시고 이어서 『극락현을 오늘부터 공주 참회현(共珠懺悔峴)이라고 개칭하자.』고 하여 일동이 크게 웃었다.

　대종사 일행은 오후에 온천을 하고 저녁 공양 후에 독실한 기독교 신자인 금강여관 주인에게 대종사께서 여러 가지 질문으로 대화를 하여 재미있는 시간을 보내었다.

　대종사 여관 주인과 대화를 마치고 난 후에 동진화 · 공주 · 원요에게 말씀하시었다.

　『내 일찍이 야소교(기독교) 신자를 많이 보았으나 이 집주인의 신앙만큼 독실하기는 귀하리라. 참으로 행복 자이며 이 앞으로도 점점 행복이 많이 오리다.』

45

 대종사 금강산 여행을 마치고 총부에 오시어 제자들에게 말씀하시었다.
『금강산에다 종교 연합본부를 세워야하겠다.』

신(信)은 도의 근원

대범, 선(善)이라 하는 것은
정의 도덕의 이름으로써,
쉽게 말하면
부모에게 효도하고 형제간에 우애하며
인근과 화목하고 곤궁자를 동정하며
기타에도 자선·교육 등 제반 공익사업을 이름이니,
-본문 중에서-

1

 대종사, 단비(團費)를 내시기 위하여 기차표를 황등역까지만 끊고 5전을 남겨 오시어 단비를 내시었다.

2

 대종사 교화단 훈련을 강조하시며 말씀하시었다.
『행정은 없애도 교화단은 없앨 수 없다.』

3

　대종사 교단의 방침에 대하여 제자들에게 '송사화귀(訟事和貴)'라 말씀하시었다.

4

　대종사 신분 검사를 실시하며 말씀하시었다.
　『오늘 이전 과거의 것은 어떤 계문을 범했든 다 기록하라, 그것은 내가 다 책임진다. 이 후부터는 일체 범치 말거니와 내가 책임 안 짓는다.』
　이 말을 들은 노인 교도들은 신분검사를 하고 나서 이젠 마음이 후련하고 가볍다고 했다.

5

　대종사 말씀하시었다.
　『교당을 이끌어 가려면 경제를 몰라서는 안될 것이다.』

6

 원기 13년 동선 해제 직후 문맹퇴치를 목적하고 야학을 개시하여 본관 거주인 20여인으로 1,2반을 나누어 한문 및 기타 일용(日用)에 필요한 지식을 학습 할량으로 20여일 계속하는 도중에 대종사 말씀하시었다.
 『아직껏 제군의 일기공부가 능하지 못하여 경계를 당해도 당한 줄을 모르고, 취사할 곳에 취사하는 정신이 서지 못하는지라, 이와 같이 미약한 심력으로 야학을 하느니, 무엇을 하느니 하여 책임이 너무 과중하고 보면 도리어 우리의 주장이요, 우리의 목적인 공부상에 등한(等閑) 후퇴될 염려가 없지 아니하니, 제군은 당분간 야학을 중지하고 일기의 방식을 순숙(純熟)하도록 연습함이 어떠할꼬』
 제군은 일제히 낙종청명(樂從聽命)하고 근경은 매 저녁 8시로 위시(爲始)하여 동 9시까지 약 1시간 동안 대중이 집합하여 당일 각자의 경계 처리한 것과 일기방식의 예를 매거(枚擧)* 문답하고 파석하였다.
 ※ 매거(枚擧) : 낱낱이 들어서 말함.

7

대종사 말씀하시었다.

『오가(吾家)의 일기법(정식 일기, 유무념 대조 등)으로 말할 것 같으면 천만 선을 권장하는 동시에 천만 악을 제지시키는 가장 적절하고 요긴한 법이니, 제군은 날마다 육근을 동작할 때에 무심 간과하지 말고, 그때 그때 온전한 생각으로 취사하는 주의심을 놓지 말지며, 무슨 일이나 당하기 전에 미리 연마하여 실수를 예방할 것이요, 제반 경계를 지낸 후에는 반드시 반성하여 보아서 잘못된 일은 참회 개과하고 잘된 일은 계속 성취하도록 유의하여야 할 것이다.

옛 성현 말씀에 '적선지가(積善之家)에 필유여경(必有餘慶)이요, 적악지가(積惡之家)에 필유여앙(必有餘殃)이라' 하였나니, 그는 곧 우리가 시시각각으로 육근을 작용하는 것이 선 아니면 악이라는 것과 선악의 결과는 어떻게 된다는 것을 밝혀놓은 말씀이다.

대범, 선(善)이라 하는 것은 정의 도덕의 이름으로써, 쉽게 말하면 부모에게 효도하고 형제간에 우애하며 인근과 화목하고 곤궁자를 동정하며 기타에도 자선·교육 등 제반 공익사업을 이름이니, 선이란 많이 하면 많을수록 적선이 되어 장차 복락을 초래하게 되는 것이요,

악이라 하는 것은 불의한 일을 이름으로써, 쉽게 말하면 나라에 불충하고 부모에게 불효하며 기타에도 본회의 30계문을 범행하는 등 어느 방면으로든지 남에게 해독 끼침을 이름이니, 악이란 많이 하면 많을수록 적악(積惡)이 되어 장차 죄고를 초래하게 되는 것이다.

그러므로 일기책에는 정의의 조목과 불의의 조목을 나누어 놓고 육근 작용할 때마다 주의·대조·반성으로써 정의 즉 옳은 일이면 하나도 빼지 말고 행하도록 하고, 불의 즉 그릇된 일이면 죽기로써 행치 못하도록 하였나니, 과거 중국 한나라의 소열황제(유현덕)도 임종시에 후주(後主)인 그 아들에게 유언하되, "선이어든 적다고 아니하지 말고, 악이어든 적더라도 써 하지 말라"고 간곡한 부탁을 한 것도 역시 같은 뜻일 것이다.

제군도 매일 일기를 기재할 때에 시시비비와 정의·불의를 분명히 유의 분석하여 동정간에 불리선 공부를 한다면 반드시 적선이 되는 동시에 악은 자연히 격퇴될 것이니, 실험하여 볼지어다. 끝으로 한말 부연할 것은, 다름이 아니라 항상 육근을 동작할 때에 마음은 온전을 주장하여 일심을 계속하고, 행실은 전중(典重)을 기하여 경동(輕動)치 말며 남의 시비에 초연하여 성진(星辰)이 될지어다.

두고 보라! 돌아오는 세상에는 순사가 죄인을 잡으러 와서 신분을 조사하다가도 그가 만일 유무념 대조 공부인이라면 반드시 죄를 경감하게 될 것이요, 관공청에서 관리를 뽑는 데에도 같은 학력이면 반드시 유무념 공부인을 선택하게 될 것이니, 이 일기법은 우리 수도인에게 있어서 뿐만 아니라 전 세계 인류에게 있어서도 없어서는 안 될 필요한 법이니라.」

8

대종사 영산에서 차편으로 총부를 올 때면 광주방면으로 나가 송정리역을 이용하시었다.
밥 때가 되면 송정리역 인근 식당을 이용하였는데 차린 밥상은 반찬 가지 수가 많아 그럴 듯하나 몇 번 맛을 보고 나면 젓가락이 갈 데가 없었다. 대종사는 겉모양은 그럴 듯하나 실속이 없는 것에 비유하여 '송정리 밥상같다.' 고 하였다.

9

대종사 손학경에게 말씀하시었다.
「지금 서중안이 병이 나서 있는데, 집안에 살림할 사람이 없어 곤란하다. 생각하면 총부도 내 살림이고 중안의 살림도 내 살림이니 병이 나을 때까지 가서 좀 봐주도록 하라.』

손학경은 대종사의 말씀에 두말없이 따랐다.

10

하루는 대종사 모든 제자들에게 말씀하시었다.

『세상에 가장 드문 것은 도인이라, 내가 일찍이 도인이 세상에 많은 줄 알고 어찌하면 도인을 만나 무궁한 법술을 배워 볼까 하고 사방으로 방탐(訪探)하였으되, 도인을 하나도 보지 못하였더니, 지금에 본 즉 도를 아는 사람이 실로 드물 도다. 제군은 이 말을 들어 두었다가 참 소견이 난 뒤에 생각하여 보라. 반드시 이 뜻을 알리라.』

11

경성(서울)지부 예회가 이철옥의 죽비하에 개회하니, 남녀 합 16인 이였다. 인하여 예회순서를 밟은 후 대종사 말씀하시었다.

『본 회원의 자격을 가진 자로서 다른 회(會)의 회원이 되는 것은 우리 규약 제 12조에도 말하였거니와, 그런 사람은 여자가 남편 둘 둔 것과 같아서 이 회에서는 '타(他)회원인데' 하며 그 사람을 꼭 믿을 수가 없고, 저 회에서도 역시 그 와 같아서 믿음있는 회원이 못 되는 동시, 회원 당자도 일인양역(一人兩役)이라 정신·육신·물질 3방면으로 다 전무(專務)가 못될지니, 그 어찌 큰 공부를 하며 위대한 사업을 창립할 수 있으랴.

그러므로 차라리 이 회에 다닐 마음이 나거든 저 회에서는 탈퇴를 하고, 만일 저 회원이 되려거든 이 회의 회원이 안 되어야만 그 사람이 옳은 사람이요, 무슨 일이든지 성공을 하지, 만약 그렇지 않는다면 그 사람은 만사 불성(不成)하며 신용 없는 사람이 되나니라.」

대종사 말씀에 일반 청중은 오랫동안 굶주리던 자모(慈母)의 법유(法乳)를 맛봄과 같이 환희함을 금치 못하던 중에 폐회를 선언하니 오후 2시였다.

오후 3시부터 김영신의 주례하에 속회하고 본회 창립 5등 유공인 오산당(五山堂 박세철)의 열반기념식을 진행할 새, 역사 낭독에 입(入)하여는 눈물을 아니 흘리는 자 없으며 간간이 대종사께서 그 행적을 설하시와 더욱 선생의 공훈(功勳)을 느끼며 참으로 아회(我會)의 '공도헌신자 이부사지(公道獻身者 以父事之)' 됨을 느끼었으며, 정신을 다하여가며 기념식을 마쳤다.

12

원기 24년 12월 8일, 석가모니 부처님의 성도 기념일이었다.
일반선도들은 오전 시간을 중지하고 10시부터 총부 대각전에서 대종사 입석 하에 간단하나마 경건한 가운데 성도 기념식을 하였다.
이때 대종사 성도에 대하여 말씀하시었다.
『부처님들은 어느 때나 도를 얻는다.
득도하는데도 여러 가지가 있다. 아침 해 뜨는 것이, 닭이 울고 나서 오늘 7시에 날이 밝은 것과 같다.
밤에 달이 뜨듯이 우리들도 점점 공부해서 밝아지면 마음의 달이 뜬다. 오늘(12월8일) 갑자기 고요하고자 하는것은 불가능한 것이다. 부처님은 다생에 밝아서 아침 해 뜨는 것이 정해진 것과 같다. 어느 때든지 우리도 항상 밝아지면 우리가 부처와 다르지 않고 부처란 먼저 깨달은 사람이다. 깨달을 때 심월이 나타난다. 달빛은 먼저 높은 산봉우리를 밝게 한 후에 평지를 비춘다. 부처님의 심월이 떠오를 때 중생 중에는 가섭제자가 먼저 알아보았다.
우리는 어느 때 부처님처럼 깨달을까 하고 견 · 문 · 사(見聞思)의 삼방면으로 노력하면 비로소 심월이 점점 나타난다. 글을 읽을 때 마음이 흩어지면 정신도 흩어지는데 하물며 도심(道心)

이야, 집착하면 심월이 떠오르지 아니하고 곧 어둠이 들어오고 만다. 밝음은 자연히 떠오르나 무명 번뇌가 일어나는 것은 삼독의 큰 적이다.

그러므로 삼방면으로 없애려고 노력할 때 심월이 나타난다. 삼독심에 끌리면 심월이 나타나지 않으며 삼독심을 가진 사람은 심월을 보지 못한다.

'청풍월상시(淸風月上時) 만상자연명(萬像自然明)'』

13

원기 24년 4월 15일, 정일성의 회갑일 이었다.

오후 대각전에서 회갑식을 거행할 때 친자녀 여러 사람과 회원 몇 사람이 참석하였다. 식은 성대한 편은 아니었으나 자못 경건한 가운데 진행되었다.

이때에 대종사 친히 법좌에 오르시어 말씀하시었다.

『정일성은 지금 살아 있음이 천행이다. 아슬아슬한 것이 사람이다. 마음가운데 일희일비(一喜一悲)하다. 사람이 60세 되기 어렵거늘 어려운 수명을 얻음이 기쁨이요, 분한 생각은 60 평생 사업이 겨우 이것뿐인가 함이다.

안자(顔子)와 같은 도덕군자나 과거 부처님은 다만 개인의 소원에 머므르지 아니하고 출가하여 삼계대사(三界大師)가 되었으니 일성이는 비록 부처는 되지 못하였으나 찬불(贊佛)의 뜻에는 같은 마음인지라 이제 마음 깊이 수행 정진하여 10년 공부 후에 성불할 때 다시 많은 사람을 모시라.

내가 가히 일성이의 앞날을 알지니 아직 큰 사업은 못하였으나 지금이라도 마음을 뉘우치고 공부하여 성불하면 오늘의 이 식보다 나을 것이다.』

14

원기 24년 1월 30일, 대종사 총부선원에 나오시어 법좌에 계시니 익산 사는 한 교도가 총부에 찾아와서 대종사를 뵙고 말씀드리기를 '요사이 자부(子婦)를 맞이하였는데 예수교 신자라 한 달에 외출이 20여일이며 제사를 반대하는 등 집안이 불화합니다. 그 불화의 원인이 예수교에 있나이다.' 하거늘 대종사 말씀하시었다.

『그대는 어리석도다. 가까운 김병수씨는 예수교 신자이면서도 간혹 신용을 얻어서 이익을 잘 보고 있느니라. 조선에 예수교로 불화의 원인이 된 자는 적도다. 그대는 자부를 나무라지 않음이 좋을 것이다. 나무라면 반항하리라. 종교란 생명과 같은 연고라 그대의 집 불화 원인은 자부께 있지 않고 책망하는 그대에게 있느니라. 정법을 불신한 즉 집안의 불화는 당연함이라.』 하시고 화제를 바꾸시며 말씀하시었다.

『내가 간혹 지방 출장때 보면 정성이 있는 교도가 대중공양을 넉넉하게 한다. 그러면 어떤 자는 시기하여 헛소문을 만드는 자도 있다.

믿음이 있는 사람은 정성을 다한 지 오래 되었고 정성이 오래 되지 못한 자는 공부가 능하지 못하다.

스님은 비록 높은 산중에 있으나 항상 식량이 있고 보통 사람은 돈 많은 곳에 살지만 굶주리나니 모두가 다 공부 잘 한 즉 의식이 자연히 따른다.』

15

대종사 영산에 계실 때 제자 한 사람이 자기의 어린 아들을 너무 과히 사랑하는 것을 보시고, 그 사람에게 물으시었다.

『참 극히 사랑스럽느냐?』

『눈앞에 보이는 고로 자연 그러하옵나이다.』

『그것은 인지상정이요, 심지어 금수라도 일반으로 가진 심리거늘 어찌 애자지정(愛子之情)이 없을 리가 있으랴마는, 그러나 너무 정신을 폭주하여 사랑에 기울어지지는 아니할 것이니라. 저러한 어린아이라 하는 것은 내두(來頭)의 일이 어찌 될지 모르거늘 만약 정신을 폭주하여 사랑에 기울였다가 불행히 후일의 좋지 못한 경우가 있고 보면 그 때에는 반드시 마음을 상하고 정신을 잃을 터이니, 그러한 일을 미리 예산하여 당초에 정신을 아끼지 아니함만 같지 못하나니라.

그런고로 군자는 자식을 기르되, 그 상당한 아비된 직책을 지키어 갈 따름이요, 표면으로 사랑하는 뜻을 나타내어 가르침을 뒤지우고 사랑을 앞세우지 아니하며(후교선애後敎先愛), 범상한 사람은 자식을 기르되 아버지의 직책이 무엇인지, 교육이 무엇인지 도무지 알지 못하며, 사랑할 때에는 그 사랑함으로써 정신을 덮어서 비록 잘못함이 있으되 알지 못하고, 미워할 때에는 그 미워함으로써 정신을 덮어서 비록 잘 하는 일이 있으되 보지 못하여 그와 같이 편벽에 떨어지나니, 너는 마땅히 삼가 이 두 끝에 떨어지지 말지어다.」

「저도 그런 뜻을 아옵나이다.」

「그러면 이 후에 그 아이가 혹 불행한 경우가 있어도 네가 과히 상심하지 않겠느냐?」

「사람의 생사는 자연의 운명이거늘 무엇을 그리 상심하겠습니까」

「참으로 그러하겠느냐?」

대종사 수삼차를 거듭 다짐받으시었다.

　그런지 몇 개월을 지내매 그 아이가 우연히 병을 얻어 죽으니, 그 사람이 그때를 당하여 외면으로는 안연(晏然)한 듯 하였으나 내심의 고통이 얼마나 되었던지 두 눈이 실명할 뻔하였다.

16

　문정규가 대종사께 말했다.

　『향일(向日:지난날)에 제가 박호장의 집에 간즉 그날이 마침 호장의 아들 소상(小祥:사망한 후 한 돌만에 지내는 제사)이온 바 호장이 너무 슬퍼하고 마음을 과도히 상하더이다.』

　대종사 말씀하시었다.

　『천륜이 지중하니, 그와 같이 슬퍼하는 것이 예사로다.』

　정규 다시 말하였다.

　『저의 뜻에는 불가하옵더이다. 공부하는 사람이 그 같은 쓸데없는 일에 마음을 상하고 정신을 잃어버리니, 어찌 미친 짓이 아니오니까?』

　대종사 정규에게 물으시었다.

　『그러면 그대가 그러한 경우를 당하여도 조금도 비창 함이 없겠느냐?』

『저는 그러한 일에는 조금도 슬퍼하지 아니하겠습니다.』

『참으로 그러하겠느냐?』

대종사 정규에게 3,4차를 물으시니, 정규 3,4차를 다짐하여 올리었다.

대종사 다시 물으시었다.

『혹 내가 불행한 일이 있으면 어쩔꼬?』

『만약 대종사님께서 그러한 불행이 있으면 제가 이 세상에 감내하여 살지 못하겠습니다.』

그런 후 수년을 지나, 정규의 아들 한 명이 무슨 일로써 법률에 관계되어 20여일 동안을 구류에 처하였더니, 정규 드디어 근심으로써 먹는 것이 달지 아니하며, 밤으로 잠을 이루지 못하고 항상 그 처소에 내왕하여 자주자주 눈물을 흘려 슬퍼하였다.

그 후에 정규가 대종사를 뵈옵고 말했다.

『무슨 일이든지 다른 사람의 일을 보기와 제가 직접으로 당하여 보는 일이 판이함을 이제야 깨달았습니다. 소자가 전일에 박호장의 말로써 대종사님께 망령되게 고한 것이 생각할수록 황송하옵나이다.』

『그대의 깨달음이 옳도다. 범상한 사람이라 하는 것은 제 앞에 당치 아니한 일은 그와 같이 쉽게 알고, 쉽게 말하여 세상에

경박한 자 되나니, 그대가 이미 그 뜻을 알았거든 명심하여 두고 항상 조심하라.」

17

오내진이 대종사를 뵈옵고 제자 되기를 원하여 길룡리 방언 작답(作畓)하는 데에도 힘을 같이 하고 영원한 세상에 대종사님과 대중으로 더불어 고락을 한가지 하기로 고백하거늘, 대종사 말씀하시었다.
「사람마다 무슨 일을 시작하기는 쉬우나 종(終)을 짓기가 어려우니, 오늘에 그대가 이와 같이 좋은 마음을 발하여 단정코 하기로 서약하고 만약 이 후에 서약과 같이 하지 못하면 어찌할꼬.」
「목숨으로써 바치겠습니다.」
「목숨으로 바치다니?」
「만약 제가 이 사업에 등한하여 중도이폐(中途而廢)를 하든지 대종사님을 배반하든지 하면 죽여주어도 여한이 없겠습니다.」하고 그 사유로 서약 고백서를 써 올리고 드디어 제자가 되었다.
그런 후 7,8개월을 지내매, 내진이 무슨 병에 걸리어 신음하거늘 대종사 김기천, 이순순 등에게 명하여 가서 위문하고 돌아왔더니, 내진이 병이 나은 뒤에 다른 사람에게 말하였다.

『선생과 제자 사이는 정분(情分)으로써 두호하고 의리로써 생각하여 주는 것이어늘, 제자가 병들어 그와 같이 고통을 당하되 선생이 몸소 한번 오셔서 보시는 일도 없고, 다만 사람을 시켜 형식으로 위문하시니 무슨 정의로 선생이다, 제자다 하리요.』

하고 인하여 원망하는 뜻을 가지고 날마다 주색에 방탕하여 매일 장취(長醉)하고 주사(酒肆)에 앉아서 대종사와 동문 학도의 험담으로써 세월을 보내되 대종사 그런 줄을 알지 못하셨다.

하루는 김기천이 대종사께 말했다.

『오내진이 전일에 대종사님을 뵈올 때에 만약 서약과 같이 하지 못하면 목숨으로써 바치겠다는 중한 맹서가 있지 아니하셨습니까?』

『있었나니라.』

『그러면 그 서약을 저버리고 저와 같이 하니, 그 일이 어찌 되겠습니까?』

『내진이가 참 오래 오지 아니하니, 무슨 까닭이 있어서 그러하느냐?』

『내진이는 날마다 주색에 방탕하여 주사에 앉으면 우리의 험담으로써 일삼는답니다. 그 사람이 무엇 하러 오겠습니까?』

『그러하냐.』 하시고 인하여 위연(威然)히 탄식하여 말씀하시었다.

『활을 쏘고 화살은 가히 다시 주으려니와 사람의 말이 입밖에 나면 공연히 사라지질 아니하는 것이며, 또는 때가 주사에서 취중 광언(狂言)으로 하는 말이야 혹 대중할 수 없다 할것이나 참으로 존엄한 법석에서 온전한 마음으로 참 성리(性理)를 나타내어 언지필지(言之筆之)하여 맹서한 말이야 어찌 한마디인들 허실이 있으랴. 그러나 내가 지금 그대를 대하여 그런 일이 허실이 된다 할 수도 없고, 되지 아니한다 할 수도 없으니, 그대가 지내보면 곧 알리라.』

기천이 예사의 말씀으로 듣고 돌아온 후 1개월도 채 되지 못하여서 내진이 졸연 사망하니, 기천 등 몇 사람은 그 서험(誓驗)을 보고 심신이 더욱 송구하여 공부하는데 새 정신이 일었으며 일층 힘을 얻었다.

18

오창건이 대종사를 뵈옵거늘 대종사 물으시었다.
『자네는 그간 재가하여서 공부를 잘하였는가?』

『잘 하지 못하였나이다.』

『어찌하여 잘 하지 못하였는가?』

『집에 있어 본즉 자연히 마음이 번잡하여지고 정신이 끄달려서 조금이라도 넉넉하고 너그럽게 안심을 하지 못하겠으므로 작일(昨日) 회석(會席 : 회석은 3·6일을 말함)에서 제형(諸兄)과 더불어 공부할 방침을 상의하여 본즉 다 말하되, '참으로 공부를 하기로 하면 결코 재가하여서는 되지 못할 것이요, 출가를 하여야만 한다.' 하기로 소자는 기어히 출가를 하기로 작정하였더니, 향일(向日) 김광선 형에게 들사온 즉 대종사님께서 하서(下書)하였으되, 지금은 아직 모든 형편이 미비하니 너희는 출가할 생각을 두지 말고 집에서 안심하고 공부하라 하셨다 하여서 유예(猶豫)하고 결단치 못하였나이다.』

『이는 자네 자심(自心)으로 처결할 바이요, 다른 사람의 말에 의지하여 따라가지 못할 일이로다. 자네가 마땅히 생각하여 보아서 집에서라도 능히 안심(安心)하여 공부를 하겠으면 집에서 하는 것이요, 집에서는 마음이 모든 일에 끄달려서 도저히 공부를 하지 못하겠으면 출가하여 지내도 보아서, 이리하고 저리하는 것이 자네가 자네의 일을 생각하여 보아서 아무쪼록 공부를 성취할 방편으로 할 것이요, 실로 재가하고 출가하는데 공부를 하고 못 하는 정한 규칙이 아니거늘, 자네- 이렇게 말하니 자네는 항상 자심의 연구와 예산은 도무지 없고 다른 사람의 바람에 흔들려 다니는 사람이 아닌가. 내가 비록 자네의 선생이로되 다만 공부하는 길만 가르쳐 줄 뿐이요, 재가하고 출가하는데 대하여서는 관계치 못하겠네.』

19

대종사 말씀하시었다.
『옛날에 비가 몹시 내려 홍수가 났다. 동네 사람들 모두가 삽을 들고 자기 논에 방천하러 갔다.
그러나 한 사람은 자기 논은 둘째치고 곧장 저수지로 뛰어갔다. 만일 자기 논을 막았다 하더라도 저수지가 무너지면 헛일이기 때문이었다.』

20

대종사 세수를 하고 난 뒤의 물을 버리지 않으시고 발을 씻거나 손수건을 깨끗이 빨아 방바닥에 네모 반듯하게 펴서 말리셨다.

21

대종사 말씀하시었다.

『어리석은 사람은 생활을 다만 힘(육신의 힘)으로만 사는 줄 알고 정신으로 사는 이치를 알지 못하며 그 이해를 다만 목전의 이해만 알고 장래의 이해는 알지 못하느니라.』

22

대종사 말씀하시었다.

『돈이 좀 있다고 해서 막 먹고 막 입고 쓰지 말라. 하루 100원 벌면 80원 쓰고 20원 저금하라. 저금을 해 놓고 내가 혹시 몸이 아파 일을 못한다든지 병이 들어 일을 못할 때 무엇을 갖고 애들 가르치고 먹고살겠는가. 그러므로 절대 남용하지 말고 미리 저축하는 정신을 가지도록 해야 한다.』

하시고 이어 말씀하시기를

『밥이 없으면 죽이라도 끓이고, 쌀만 하여 양이 안차거든 쪼갱이를 섞어 끓여 먹더라도 저축해야 네 애들을 가르칠 것이 아니냐.』

하시면서 예화를 들어 말씀하시었다.

『어떤 사람이 잘 사는데, 남편이 돈을 잘 벌어다 주니 고기를 날마다 사서 상에다가 항상 전골을 차려 들어오더라. 이 남편은 고기가 날마다 들어오니 고기를 한번만 빨아먹고 질근질근 씹었다가 뱉어버렸다.

부인이 지견이 있는 사람이라 아무리 자기 남편이지만 너무 한다 싶어 먼 훗날 직업도 떨어지고 돈이 없을 때를 생각하여 그 한번 씹고 뱉은 고기를 깨끗이 씻어 말려 가지고 궁할 때 쓰려고 모아두었다.

과연 얼마 안 가서 남편이 직업이 떨어지고 병이 났는데 고기가 얼마나 먹고 싶은지 속에서 고기 못 먹어 병이 났다. 그러자 부인이 전에 말려서 모아 두었던 고기를 조금씩 꺼내 맛있게 끓여 상에 올리니 남편이 놀래서

'아니, 여보, 내가 돈도 안 벌어 주는데 고기가 어디서 생겼소?'

그러자 부인이

'여보, 당신이 돈벌이가 잘 될 때 한번 씹고 버렸던 그 고기를 다 씻어 말려두었다가 그것을 끓인 것이요' 하자 그제서야 남편이 회개하였다.』

대종사 예화에 이어 앞에 있는 주전자를 가리키시며 말씀하시었다.

『이것을 아들에게만 꼭 주게 되면 그 사람 만나야 복을 받을

수 있듯이, 이것을 나라 전체를 위해서 주게 되면 나라에서 나에게 복을 줘. 또한 나라를 벗어나서 전 세계 공중에다 내 주면 공중에서 복을 주는 이치가 있다.』

23

대종사 말씀하시었다.
『진묵대사가 상좌에게 두부를 사오라고 했다.
상좌가 돈을 잃고 들고 갔던 바구니도 잃어버리고 돌아오니 대사가 매우 꾸짖었다.
옆에 있던 제자가 대사에게 '바구니 하나 가지고 그렇게 꾸중할 것까지 없지 않겠습니까' 하였다. 그러자 대사가 '내가 바구니가 아까워서 그러는 것이 아니다. 저 녀석이 제 마음을 잃어버렸기 때문이다.'고 하였다.』

24

대종사께 한 제자가 말씀드렸다.
『대종사님께서는 심심하겠으니 제가 와서 함께 있기를 청합니다.』
여러 번 찾아오거늘 대종사 하루는 그 제자에게 물으시었다.
『작은 물방울을 들어올릴 수 있겠느냐?』
『못하옵니다.』
『나는 새끼손가락으로 태평양의 물을 들어올릴 수 있다.』

25

대종사 말씀하시었다.
『샘물 같은 신심이 되라. 신(信)은 일체 선근 종자와 불종자를 심는 밭이 되며 그를 길러주는 주인이 되고 거름이 되므로, 화엄경에도 '신은 도의 근원이 되고 공덕의 모(母)가 된다' 하였다.』

26

대종사 제자 가운데 잘한 일이 있을 때는 상을 다 주지 않으시고 아껴 두셨다가 잘못이 있을 때 용서하여 주시고, 잘못한 일이 있을 때에는 벌을 다 주지 않으시고 잘할 때를 기다려서 용서하여 주시는 금도가 있으셨다.

27

대종사 제자들에게 자주 말씀하시었다.

『나 만났을 적에 나에게 둘려버려라. 기왕 나를 스승으로 알았거든 아예 둘려버려라. 내가 도둑질을 하자고 해도 뜻이 있어서 하자는 것이다. 내가 나쁜 마음으로 너희들을 둘려 먹으면 내가 지옥으로 갈 것이고 너희들은 극락으로 가, 만일 나를 못 믿으면 허사다.

그냥 나무토막이 되어라. 발이 나면 나는 책임 못 진다. 네가 목침이 되어 나한테 맡기면 깎아서 죽비를 만들어 신호를 하는데 쓰든지, 또 나막신으로 깎아 신발로 쓰도록 하든지, 또는 내가 부처를 만들든지 할 것이 아니냐, 너희들 맘대로 발이 나서 다니면 나는 책임 못 진다.』

28

　대종사 석가모니불의 게송을 보시고 말씀하시었다.
　『본래에 한 법이라고 이름 지을 것도 없지마는 하열한 근기를 위하사 한 법을 일렀으나 그 한 법도 참법은 아니니 이 게송의 참뜻을 깨치면 천만경전을 다 볼 것이 없으리라.』
　「法本法無法(법본법무법)이요
　無法法亦法(무법법역법)이로다.
　今付無法時(금부무법시)에
　法法何曾法(법법하증법)고.」
　'법은 본래 무법에 법하였고
　무법이란 법도 또한 법이로다.
　이제 무법을 부촉 할 때에
　법을 법이라 하니 일찍이 무엇을 법할꼬.'

29

　대종사 대각을 이루시고 옛 글 한 수를 외우셨다.
　『청계상벽수하(淸溪上碧樹下) 모옥수간(茅屋數間)
　비금주수(飛禽走獸) 몰수아가지물(沒收我家之物)

산옹차부귀(山翁此富貴) 막작속인전(莫作俗人傳)』

'청계산 푸른 나무 밑에 떼 집 두어칸,

나는 새 달리는 짐승이 다 나의 집 물건이다.

그러니 산 늙은이 이 부귀를 못 알아줄까 싶으니 전하지 말라.'

30

황정신행은 종로 번화가에 순천상회라는 포목점을 운영하고 있었다. 사업이 번창하여 기자들과 문인들의 교류가 많았다. 그들이 찾아오면 반겨주고 점심도 사주고 돈 쓸 일이 있으면 보태주기도 하였다.

그래서 몇몇 신문 기자들을 불법연구회에 입회시키기도 하였다.

특히 춘원 이광수와 잘 알고 지내는데 그들 내외를 데리고 여러 차례 돈암동 교당(서울교당)에서 이완철 교무의 설교를 듣기도 하였다. 정신행은 그 정도로 성이 차지 않던 중 대종사께서 상경하자, 춘원 내외를 한번 만나 줄 것을 간청하였다.

『대종사님, 이광수 내외를 우리 불법연구회 법을 듣게 하는 것이 어떻겠습니까?』

『들간디?』

『아닙니다. 들을 것 같습니다. 퍽 좋게 생각하는 것 같던데요.』

대종사 더 이상 대꾸가 없었다.

대종사께서 다음에 또 상경하였을 때 정신행은 다시 청을 하였다.

『안 들을 것이요.』

『왜 안 듣겠어요. 좋아하던데요.』

『에-, 정신행이 말을 하니까 좋아하는 체 하지 귀에 안 들어갑니다.』

『그러면 제가 연원이 되어 입회시킬랍니다. 이광수씨의 법명을 주십시오.』

『안 받을 것이요.』하며 대종사는 춘원의 부인 허영숙에게 '제만(濟晩)'이란 법명을 주시었다.

대종사 정신행에게 말씀하시었다.

『만나러 가지 마시오.』

『그래도 제가 말하면 회관에 잘 오고, 저도 제만씨 심부름 잘 하고, 제만씨도 제 심부름하고 그러는데요?』

여러 차례 춘원을 만나 줄 것을 간청하자 대종사는 더럭 언성을 높였다.

『다시는 거기 가지 마시오! 오더라도 내가 안 받을 것이여,

정신행이 다 좋아 보인게로 정신행의 말은 듣고 와도 그 사람 아만이 잔뜩 차서 무슨 말을 해도 들어가지도 않을 것이오.」
 이후로 정신행은 다시 춘원의 이야기를 하지 못하였다.

31

 이동안이 대종사께 여쭈었다.
『어떠한 것이 남을 제도하는 것입니까?』
『괴로워하는 사람을 편안하고 기쁘게 해주고, 사리에 어두운 사람을 지혜롭게 해주고, 악한 사람을 착하게 해주는 것이 남을 제도하는 것이다. 그러므로 남을 제도하려면 먼저 자기 자신부터 보람과 기쁨에 살고, 사리에 밝아 슬기롭고, 모든 일에 착하게 살아가야 하는 것이다.』

32

 총부 강연시간에 사회 공부를 좀 한 사람은 '철학적, 문학적, 과학적' 하며 유식하게 '적(的)'자를 붙여가며 강연하는 사람도 있었고, 또 어떤 사람은 무식꾼 티를 다 내보이는 소리를 해도, 대종사께서는 유무식을 따지지 않으시고 그 실천 여부를 따져 점수를 매겼다.

갑(甲)에서 정(丁)까지 매겼는데 아무리 유식한 소리라도 그 알맹이가 없으면

『송정리 밥상 같다. 아무리 반찬 가지 수가 많아도 젓가락이 갈 데가 없으니 먹잘 것 없는 것 같이 실속 없는 강연이니 정(丁)이다.』고 평가하였고, 시골 논두렁의 무식한 소리라도 실천성 있는 내용은 『갑 중에서 12갑이다.』라고 평가하시었다.

33

대종사께서 산업부를 가시는데 같이 가던 순사 황이천은 희한한 구경을 하였다.

김남천이 약초 밭에 제초 작업을 하다가 폭양 염천에 밭 가운데 앉아서

『이놈, 썩 물러가지 못할까!』

하고 큰 소리로 호령을 두세 번 연거퍼 하고 있었다.

대종사와 이천은 걸음을 멈추고 있다가 소나무 그늘 아래로 들어갔다. 이천이 말했다.

『저 영감 노망기가 있는가 봅니다.』

『노망이 아니고 까닭이 있는 말이니 저녁에 본인에게 물어보면 알게 될 것이네.』

『까닭은 무슨 까닭이 있단 말이요. 이 뜨거운 여름에 밭 가운데 아무 상대자도 없는데 이놈 저놈 호령하는 것이 무슨 까닭이 있겠오. 노망기지요.』

그날 저녁 식사 때 이천이 남천에게 물어보았다.

『남천씨, 오늘 약초 밭에서 누구를 보고 이놈 저놈하고 호령하였소?』

『그런 것이 아니라. 이 늙은 뼈다귀가 공사로 인하여 약초 밭을 매고 있는데 마귀란 놈이 와서 날보고 '더우니 솔밭 시원한 곳에 가서 좀 쉬자'고 자꾸 유혹을 합니다. 그래 나는 안 된다고 거절했더니 '아무도 보는 이가 없으니 괜찮다.'고 자꾸 유혹을 하므로 그 놈을 내 마음속에서 쫓아내노라 생욕을 보았소.』

이 말을 듣고 이천은 남천이 참으로 공부하는 사람이요 마귀라는 존재가 어떤 것인지를 알게 되었다.

34

대종사 말씀하시었다.

『아무런 까닭 없이 남 흉내를 내는 것은 앵무새나 원숭이와 같은 것이다. 지금 총부 대중 가운데 그와 같이 어리석은 사람이 있다. 내가 눈이 나빠서 안경을 쓰니 아무 이유 없이 덩달아 안경을 쓰는 사람, 내가 건전지를 사용하니 따라서 쓰는 사람, 양산 쓰는 흉내내어 쓰는 사람, 이런 사람들은 앵무새나 원숭이와 다를 바가 무엇이겠느냐」

35

대종사 변산에서 제자들에게 말씀하시었다.
『봉사가 좋은 곳이 있다고 하여 구경을 떠났다. 그래서 그 근처에 도착해서는 더듬더듬 사방을 두들겨 보고 무엇이 없다고 하며, 또 집 앞문까지 와서는 문 없는 집이라고 돌아가려고 하므로 옆 사람들이 문이 있다고 해도 문이 없다고 하며 돌아가 버렸다.』

36

대종사 논개 사당에 가시면 재배하시고 남원 광한루원에 가셔서도 춘향 사당에 재배하시었다.

좌우 제자들이 의아하게 여기니 대종사 말씀하시었다.

『내가 논개와 춘향에게 절한 것이 아니라 그들의 충·효·열에 대하여 절한 것이다.』

37

김대거가 대종사께 말씀 드렸다.

『앞으로 불경을 번역하여 전해 보겠습니다.』

『너의 글은 나의 글보다 나으니 그만 두라, 정통만 이으면 되는데 그것 해서 무엇하겠느냐 정통만 이으면 그 속에 다 있다. 법은 한 사람만 아는 이가 있으면 법은 숨을 수도 버릴 수도 없다.』

38

대종사 말씀하시었다.

『최후에 그 사람 행동이라든지 일생 지낸 것을 볼 것 같으면 성리에 토가 떨어진 사람인가 안 떨어진 사람인가 안다.』

39

원기 15년 1월 15일, 대종사 동선중 선객들에게 말씀하시었다.
「너희들이 아직 사업의 진미를 몰랐느니라.
금전 사업도 힘닿는 대로하고, 육신 노력도 힘대로 하고, 나의 반듯한 역사 하나만 잘 전하여도 이것이 다 큰 사업이다. 불법연구회 옳은 역사 한번만 잘 전하면 이것이 참 사업이다. 명심하고 명심하라.」

40

원기 15년 1월 21일, 동선중 밤 시간에 대종사 선객들에게 말씀하시었다.
「강연을 들을 때에도 편안 마음으로 즐겁게 듣다가 자기가 하게 되면 잘 생각이 되었던지 못되었던지 그대로 활발하게 하면 갑이 되나니라.」

41

대종사 말씀하시었다.

『대인(大人)은 대의를 잡아 지킨다.

본회의 살림을 제살림으로 알고, 나의 위가 드러나는 것이 저의 위가 들러나는 것으로 알며, 같은 동지 중에 누구든지 공부계나 사업계나 위가 들어 나는 것이 저의 위가 드러나는 줄로 아는 자가 대의를 잡은 자이다.』

42

한 제자가 어떤 사람에게 도를 배우라 권하나 그 사람이 듣지 아니함에, 자주 내왕하며 말을 하면서, 대종사께 자기의 공부하는 정신이 그리 끌린다 하거늘, 대종사 경계하는 말씀을 하시었다.

『남의 원치 않는 일을 권면치 말지어다. 권면할 때에는 선한 마음으로 저 사람을 생각하면서 권면하였지마는 그 사람이 듣지 아니하는 때에는 도리어 악이 되나니라. 우선 네 마음을 촌도(忖度)하여 보라. 네가 듣기도 싫고, 보기도 싫고, 하기도 싫은 일을 다른 사람이 강제로 누차 권하면 너의 마음에 그 권함이 반갑겠느냐. 반갑기는 고사하고 도리어 진심(嗔心)이 일어날 터이니, 진심이 일어나고 보면 곧 저 사람과 원수가 되리라.」

43

대종사 하루는 제자들에게 물으시었다.
「어찌하면 세상에서 제일 높아지며, 어찌하면 제일 낮아지느냐?」
김남천이 대답했다.
「도덕을 알아 자연지리(自然之理)로 행하고 보면 제일 높은 사람이요, 도덕을 알지 못하고 자연지리를 어기는 자는 제일 천한 자입니다.」
김혜월이 대답했다.
「나의 몸을 굴하고 마음은 낮추어 묻(문問)기를 부끄러워하지 아니하고 배울 줄 아는 자는 높아질 것이요, 아무 요량 없이 제가 높은 체하고 매사에 배울 줄을 알지 못하는 자는 천한 사람이 될 것이옵니다.」
대종사 들으시고 혜월의 말을 근가(近可)히 여기시었다.

44

대종사 말씀하시었다.

「사람의 인격을 논하자면 무엇에나 결함 없고 쓸모 많은 사람을 일러 참 인격자라고 보나니, 결함이 없다는 말은 즉 외형에도 별 고장이 없이 잘 생겼으며 내면에도 그 지식과 행실이 충분하여 아무 데도 흉 잡을 데 없는 자를 일러 결함 없는 인격이라고 하는 것이며, 그와 반대로 육체도 구비하게 잘 생기지 못하였고 지식과 실행도 충분치 못하여 한가지도 쓸모가 없는 자를 일러 인격 불성자(不成者)라고 하는 것이다.

그 다음은 외형은 좀 못생겼다 할지라도 그 지식이 풍부하고 행실이 얌전하여 내면에 흠된 점이 없고 보면 또한 둘째 인격은 되나니, 그러한 사람은 처음 볼 때에는 혹 인물이 못생겼다 하여 모시(侮視)하는 사람이 있다가도 차차 오래 교제하여 그 지식과 행동을 알게 될 시는 그만 그 모시 하던 생각을 도리어 어리석게 돌리고 필경에는 그 사람을 더 가치 있게 보아 위를 높여주게 되는 것이며, 그 반면에 외형은 그럴 듯 하게 잘 생긴 사람이 내면은 무식하여 아무 보잘 것이 없다든지 행실이 부정하여 인도에 탈선된 일이 있다면 비단 주머니에 똥 든 것과 같아서 모든 사람이 처음 볼 때에는 존경과 친절을 주다가도 그 지식과 행동을 알게 될 시는 그만 가치 없이 보는 동시에 처음 대우가 모두 없어지고 마는 것이다.

 그리고 또 그 다음은 외형과 지식은 혹 부족하더라도 그 마음이 얌전하여 행실을 잘 가진다면 능히 셋째 인격은 되나니, 그러한 사람은 비록 현 사회에 널리 활용은 못한다 할지라도 경우에 따라 혹 신임처가 있는 것이며, 그 반면에 외형과 지식은 비록 충분하더라도 그 마음이 불량하여 행실에 위험성이 있다면 아무리 형식은 구비할지라도 한 가지 일에도 능히 신임을 받지 못하는 것이며, 그 뿐만 아니라 본래에 인물이 준수하고 지견이 풍부하며 행실이 얌전하여 구족한 인격을 이룬 사람도 중도에 혹 어떠한 사심(私心)이 동하여 불의의 계문에 범과 되어 한번 그 신용을 잃고 보면 재래에 가져오던 그 인격도 도리어 타락될 수가 있는 것이니, 그러한 사람은 처음에는 비록 중요한 인물로 있었다 할지라도 차차 겉사람이 되며 쓸모 없는 사람이 되고 마는 것이다.

 그러니 너희도 쓸모많고 가치있는 일꾼이 되려면 회칠한 벽과같이 외형만 꾸미지 말고 내면을 충실히 하여 무엇보다도 먼저 욕심을 끊어 계행을 청정히 하고, 그 다음은 배우는 데에 정성하며 직무에 근실하여 이 일을 맡기면 이 일을 잘할 만하고 저 일을 맡기면 저 일을 잘할 만하여 쓸모 많은 사람이 되며, 나아가 없던 위를 장만하는 사람은 될지언정 있던 위를 타락시키는 자는 되지 말라.」

45

　대종사 금강원에서 모든 제자에게 장시간 설법하신 후 물으시었다.

　『여러분은 나의 말을 들으면 후일에 기억이 남아 있으며 적용처에 당하면 실지로 이용을 하게 되는지 의문이다.』

　한 제자 답하였다.

　『저는 대종사님의 법을 들을 때에는 다소간 의미를 알아 듣사오며 언언 절절이 감복하와 그 말씀을 각골 명심을 하려 하오나, 정신이 혼매(昏昧)하여 그 좌석에만 벗어나면 다 잊어버리고 한 말씀도 들은 것 같지가 않으며, 더구나 진세(塵世)에 발길을 들여놓으면 미약한 정신이 백방으로 흔들려서 공부의 관념도 전연 없는 날이 허다 하옵니다.』하니, 좌우에서『그 말이 옳습니다. 저도 그렇습니다.』하는 소리가 이구동성으로 울려 나오게 되었다.

　대종사 다시 물으시었다.

　『그러면 말 듣는 것이 무슨 효력이 있겠소? 만약 효력이 없다면 여러분이 수고스럽게 와서 장시간 지리하게 듣느라고 힘드릴 것이 없을 듯 하외다. 다시 묻노니, 여러분! 잊어버린 데도 듣는 것이 나을는지? 또는 그만 작파(作罷)하는 것이 가할는지?』

송벽조 대종사의 말씀에 대하여 자신의 감각을 말했다.
『법설을 들으면 기억이 되고 안되고 간에 유익함이 있습니다.』

46

한 사람이 와서 대종사께 여쭈었다.
『선생께서는 어떠한 방법으로써 중인을 지도하십니까?』
『나는 별 재주 없다. 다만 사람의 마음 접붙일 줄은 안다.』
『사람의 마음을 접붙이시다니요, 어떻게 접을 부치십니까?』
『그대는 왜 과목(果木) 접붙일 줄 모르는가, 재래 세상에 있어서는 과목 재배법이 서툴러서 무슨 과목을 물론하고 논둑에 나거나, 밭둑에 나거나, 산비탈에 나거나 어디든지 천연적으로 나는 그대로 키워서 과실을 따먹었었고, 그것을 다른 좋은 땅으로 옮겨 심으며 다른 좋은 나무로 접을 붙쳐서 좋은 과실을 만들 줄을 알지 못했었다. 그러던 것이 현대에 와서는 인지가 점점 발달됨에 따라 그런 것까지도 지질(地質)을 택하여 재배할 줄을 알며, 좋은 나무를 떼어다가 접목할 줄도 안다. 그런고로 과실도 현대의 과실은 더 크고 맛이 좋으며 아름답지 않은가. 그와 같이 사람의 마음도 좋은 마음으로 접을 붙이면 좋은 사람이 되나니라.」

「과목(果木)이야 물론 접을 붙여서 낮은 것을 좋은 것으로 만드는 것이 사실이지만, 사람의 마음을 접붙인다는 말씀에 대해서는 아직도 자상히 이해치 못하겠나이다.」

「그것이 그렇게 알기 어려운 말이 아니다. 범상한 사람의 마음 가운데에는 아니 일어 나는 생각이 없나니, 때로는 도적질 할 생각도, 때로는 간음할 생각도, 때로는 남을 모해할 생각도 이럴듯한 탐심과 진심(嗔心)과 치심의 모든 악념(惡念)이 수없이 일어나나니, 이러한 마음들을 가지고 저 성현 군자들의 도불습유(道不拾遺)하는 청렴한 마음과 목불시사색(目不視邪色)하는 조촐한 마음과 헌신 봉공하는 박애한 마음에다가 비교해 본다면 물론 그 마음은 나쁘고 이 마음은 좋지 않은가? 그런고로 그 천연적으로 발생되는 모든 나쁜 마음의 싹을 쏵 비어버리고 이 좋은 성현 군자의 마음을 접붙이자는 것이다. 그러기 위하여 나는 고금의 모든 성현 군자의 마음가지를 한쪽씩 떼어다 놓고 여러 사람의 마음 접붙이기를 착수했다.」

「그러면 접붙이는 방법은 어떠합니까?」

「붙이는 방법은 극히 간단하니, 아까에 말한 바의 모든 중생심을 쏵 잘라버리고 성현군자의 좋은 마음을 그 자리에 붙인 후 구라무를 바르고 붕대로 창창 감아서 한 3,4년만 그대로 지내면 심접(心接)이 완전히 되나니라.」

그 사람은 무슨 뜻인지를 알지 못하고 어안이 벙벙하여 물러갔다.

47

원기 20년 3월 1일 오전 10시, 대각전에서 남녀선도가 모여서 동선 해제식을 거행할 때 대종사 말씀하시었다.

『오늘을 비유하면 회사의 월급날과 같다. 만약 이때에 월급을 잊어버려 쓰지 못하면 한달 동안 노력한 일이 허사가 되듯이 자리도 그와 같아서 3개월의 훈련을 활용하지 못하면 3개월 선의 비용도 허사가 되나니 주의해서 선용함이 좋다.』

48

원기 24년 12월 17일, 총부예회에서 대종사 법좌에 오르시어 말씀하시었다.

『공부를 하려는 사람은 법문을 많이 듣고 스스로 실행하여야지 그렇지 않으면 안된다.

부처의 대의(大意)는 마음의 이치니 그대들은 마음이 어느 곳에 있느냐』

한 제자 대답하였다.

『몸 안에 있나이다.』

대종사 말씀하시었다.

『마음을 알고 마음을 자유로이 할 수 있으면 이것이 자주력의 정신이다.

불법의 대의는 마음을 알아 마음을 쓰는 것이므로 마음의 소종래(所從來)를 알아야 한다.

용심법(用心法)을 돈 쓰는데 두고 보면 비록 많은 돈 일지라도 없어진다.

마음의 자유를 얻지 못하여 의로움을 행하지 못하고 마을이나 사회 부모를 떠나서 불법을 말한다면 삼세 미래가 어찌 될 것이며 눈 먼 자도 가르침에 따르지 아니 할 것이며, 혹은 도둑질을 하며 의무와 담을 쌓고 지내다가 참 스승을 만난 뒤에야 지난날을 반성하고 선(善)을 행하며 불법의 중요함을 알게된다.

참 공부를 하여 견성을 하고 보면 죽음에 대하여 알 수 있다. 어린이들은 잘 모를 것이니 지금부터라도 마음을 바로 잡아주면 보람을 얻을 것이다. 듣고 실행하기는 어려우나 예회를 폐회하고 돌아가서 내 말에 따르지 않으면 여기 와서 말 듣지 않음만도 못하다.

혹 출가하는 사람도 있으나 도(道) 공부를 높이 하면 좋으나 실력이 없이 지내면 좋지 않다.』

49

원기 24년 1월 13일, 대종사 말씀하시었다.
『밖으로는 과학으로써 즐기고 안으로는 도학으로써 즐기는지라. 현대의 물질문명은 지상낙원을 건설하고자 한다.
과학으로 밖을 세우고 도학으로 마음을 닦으니 과학은 근부(根富)요 도학은 안심(安心)으로 물질의 노예가 되지 않는 생활이 된다. 도를 배우는 것은 경계를 당하여 안심하는 공부이니 마음으로 안락한 즉 돈도 또한 따르는지라 도학·과학을 겸허히 배우고, 몸과 마음으로 병행하여 낙원을 건설하고 겸하여 가르칠 때 대중도 또한 같이 즐기나니라.』

50

대종사 말씀하시었다.
『진심(嗔心)이란 성내는 마음이라 진심은 처음에는 오직 자신만이 안다. 타인은 알 수 없다.

진심이란 원망하는 생활로 인하여 생기는 것이다.
진심은 참지 못하고 근본을 다스리지 못하기 때문이다.
근본을 다스리고자 하면 감사 생활을 해야한다.』

51

대종사 말씀하시었다.
『탐심이란 처음에는 다른 사람은 알지 못하며 오직 자신만이 안다. 그러나 탐심이 일어나면 알려지게 된다.』

52

김대거가 말했다.
『말이란 행실을 돌아보고, 행실은 말을 돌아보고 나서 해야 합니다. 말이란 행실의 밑천입니다.』
대종사 대거의 말을 들으시고 말씀하시었다.
『대거의 말이 맞나니라.』

53

대종사 말씀하시었다.

「우리 인생에 있어서 수양공부는 집을 짓는데 먼저 터를 다지는 것과 같고 또 수신 · 제가 · 치국 · 평천하의 기본이 된다.」

54

대종사 말씀하시었다.

「우리가 무자력할 때에 부모님의 보호로써 성장하게 되었나니, 그 부모에게 잘 할 것은 말할 것도 없거니와, 만일 남녀노소를 막론하고 무자력자를 보호한다면 곧 삼세 일체 부모에게 보은을 하게 될 것이다.」

55

대종사 말씀하시었다.

「천리(天理)는 유시(有時)하고 인사(人事)는 유기(有機)라.」

56

대종사 말씀하시었다.

『'다른 사람들의 하는 일을 보면 다 스스로는 무엇이든지 잘 하는 양으로 자인하는데 대종사님께서 잘못한다고 질책하시니, 어떤 때는 창피하더라' 하는 어리석은 생각만 들면 그런 인물은 곧 나의 곁을 싫어하며 나를 피하게 되고 따라서 법문 들을 마음도 없어지나니라.』

57

대종사 말씀하시었다.

『사람이 무엇을 배우고자 할진대, 먼저 마땅히 선생과 서책이 있어야 할 것이다. 선생과 서책을 구하기로 하면 그렇게 용이한 일이 아니며, 설사 구하였다 하더라도 어느 때 어느 곳에서든지 내 마음대로 배울 수는 없을 것이다. 왜 그러냐 하면, 선생은 책보에 싸 가지고 다닐 수가 없고, 또 서책은 학식이 없으면 혼자는 볼 수가 없기 때문이다. 그러므로 나는 오늘 제군에게 무형한 선생과 경전을 소개하여 불법 진리를 공부하는 방법을 가르쳐 주려하나니, 명념할지어다.

대저, 불법의 진리라 하는 것은 원래 팔만장경에만 한하여 있는 것이 아니요, 오직 온 우주에 꽉 차 가지고 있는 것이니, 가령 한낮에 태양을 보면 항상 그렇게 명랑할 것 같지마는 몇 시간만 지나가면 점진적으로 서편에 들어가 버리고, 그 이튿날 아침에 다시 동천에서 솟아오르지 않던가? 그러면 그 태양을 무심히 보지 않고 유심히 '그 어디를 갔다 오는가?' 하고 연구하는 것은 곧 불법이요, 연구한 결과 주야가 연속 부절(不絕)하여 낮 속에 밤이 들어있고, 밤 속에 낮이 들어 있어 둘이 아니라는 것을 깨치는 것은 곧 진리를 안 것이다.
　그와 같이 사시절후의 한서(寒暑) 내왕도 다른 데서 오는 것이 아니라, 찬 데서(동절) 더운 것이(하절) 나오고 더운(暑)데서 찬(寒) 것이 나온 것이며, 우리 인간의 고락 영고(榮枯)도 서로 머리하고 서로 꼬리 하여 각자 육근 작용을 따라 고도 오고 낙도 오며, 영화(榮華)와 불길(不吉)이 교체되나니, 저 세상에서 학·박사가 되어 훌륭한 대우를 받는 것도 그 원인을 추구하면 학창시절에 천신만고를 겪은 일이 있었기 때문이요, 부자 장자가 호의호식하는 것도 그 원인을 추구하면 돈을 벌 때 천신만난을 겪은 일이 있었기 때문이며, 그 반면에 잘 살다가 패가하는 사람도 많고, 좋은 자녀를 두었다가 죽거나, 병들어서 고통과 비애를 느끼는 사람도 많나니, 그 원인을 추구하면 역시 죄 지은 일이나 악행한 일이 있었기 때문에 그와 같은 무상변천을 초래하게 된 것이니라.

그런고로 이 우주의 삼라만상과 유형·무형의 순환 이치며 고락 영고의 모든 변태는 다 불법의 진리를 가르쳐 주는 즉, 무형의 선생이요, 경전이라 하나니, 제군이여! 제군은 지금 내가 말해 준 그 선생과 경전을 가지고 보는 대로 듣는 대로 공부 길을 삼아서 무상도인이 되는 동시에 다른 사람에게도 전해주기 바라노라.』

58

대종사 말씀하시었다.

『대저, 욕심이라 하는 것은 만악(萬惡)의 근본으로써 식(食)·색(色)·재(財)·명(名)·유일(遊逸)*등 오욕간에 과도히 취하려는 옳지 못한 마음을 이름이니, 누구나 한번 그 욕심에 사로잡힌 즉 걷잡지 못하여 어떠한 불의의 일이라도 감행하게 되며, 아무리 예 아닌 물(物)이라도 탐취(貪取)하게 되는 것이다. 부모나 선생님의 간곡한 훈계도 쓸데가 없고, 형제나 동지의 알뜰한 충고도 귀에 들리지 아니하여 종종 죄악을 짓게 되나니, 어찌 두렵지 아니하랴.

비컨대 욕심 많은 사람에게 욕심을 떼라 함은 개보고 똥을 먹지 말라는 격이요, 고양이 보고 쥐를 잡아먹지 말라는 것과 같다 하리라.

가령 가난한 사람이 부자에게 곶감 한접, 닭 마리나 갖다 주는 것은 반드시 내막에 그 몇 배 이상의 요구물이 있기 때문이요, 남자가 여자에게 좋은 양산과 보석반지를 사다주는 것은 반드시 내막에 그 물질로 바꿀 수 없는 욕망이 들어 있기 때문이다. 그럼에도 불구하고 부자는 자기를 무던히 생각해서 갖다 주는 줄 알고 좋아하며, 여자는 자기를 무척 사랑해서 갖다 주는 줄 알고 기뻐하니, 그 얼마나 우스운 일이며 비열한 일인가? 비록 변변치 못한 물건일지라도 각각 심중에 그 어떠한 희구심(希求心) 없이 의(義)로써 주었다면, 그것은 생각하여 준 것이며 사랑하여 준 것이라고 하여도 과언은 아니 되는 동시에 받아도 낯을 일이 없을 것이다. 그러나 만일 내용에 어떠한 조건이 붙은 물건이라면 참 주의하여 절대로 받아서는 아니 될 것인데, 모든 사람들은 안 준다고 화가 나고 등한히 한다고 외롭다 쓸쓸하다 하니, 그 어찌 답답치 아니하며 애석치 아니하랴.

과연 인과의 진리를 깬 사람이라면 근본적으로 불의의 욕심을 내지도 않으려니와, 설사 어떠한 욕심이 나다가도 위의 어른이나 동지의 충고를 받게 되면 곧 참회 개과하여 불의의 욕심은 버릴 것이다. 그러나 본심이 어질지 못하고 도덕의 훈련을 받지 못하여 일평생 자행자지로 욕심만 키운 사람이라면 흑운

(黑雲)이 일월광(日月光)을 가리는 것과 같이 양심을 무명심이 덮어 가려서 죄악에서 죄악을 계속 장만하게 되나니, 제군은 이에 각성하여 무엇보다도 먼저 만악(萬惡)의 근본 되는 욕심을 격퇴시킬지어다.』

※ 유일 : 편안하게 노는 것.

59

대종사 봉래정사에 계시는 때에 모든 문부(文簿)※와 여러 가지 정신 쓰시는 사무를 보실 새, 이춘풍의 집에 작은 아이 두어 명(이경순, 이정화)이 있어 그 처소에 자주 와서 놀며 훤화(喧譁)※하거늘, 대종사 엄금하여 오지 못하게 하시나 항상 와서 노는지라 대종사께서 미워하는 얼굴을 그 아이들에게 보이며 오지 못하게 하시고, 시자에게 일러 말씀하시었다.

『네가 나의 저 아이에게 그다지 심하게 하는 뜻을 알겠느냐?』

시자 대답하였다.

『대강 알겠사오나, 자상히 듣고자 하옵나이다.』

대종사 말씀하시었다.

『무슨 일이든지 정신을 써서 하여갈 때에 그 아이들이 쓸데

없이 와서 쓸데없이 시끄럽게하면 그 일 보는 데 큰 방해가 미칠지라. 이는 곧 정신을 가져가는 마(魔)이니, 나는 모든 데에 마 제어(制禦)하기를 이같이 엄하게 한다.』

※ 문부 : 뒷날에 상고할 글과 장부.
휜화 : 지껄이며 떠듦.

60

대종사 봉래정사에 계실 때에 모든 제자들이 모셔 앉으니, 대종사 정좌하신 후 〈금강경〉을 설하실 때 '아상(我相)·인상(人相)·중생상(衆生相)·수자상(壽者相)을 멸도 하라.'는 부분에 이르러서 그 의지를 해석하여 말씀하시었다.

『이 상을 비록 네 가지로 분석하였으나 또 천차만별의 상이 있다. 그러나 이 상을 다 말할 수가 없는 고로 상의 강령만 들어 이른다.』

하시고 이어 말씀하시었다.

『무슨 일이든지 마음이 한편에 떨어져서 사면을 살피지 못하는 것이 곧 상이다. 현금 세계에 모든 사람이 각각 이 상에 착(着)하여 원만한 도를 이루지 못하나니, 즉 유가의 선비는 유교의 규모에 편벽 되이 착하여 그 다른 것을 알지 못하고, 불가의 승려는 불가의 규모에 편벽 되이 착하여 그 다른 것을 알지 못하고 기타 각 종교며, 각 사회의 사업자가 각각 저의 하는 일에 집착하여 다른 사람의 지식을 취하여 쓸 줄을 모르고 저의 익힌 바로써 영영 자기의 지옥을 삼는 자 많나니라.』

61

대종사 문정규에게 말씀하시었다.

『그대에게 지식이 넓어지고 행동에 유익될 방법을 말할 터이니, 자상이 들어보라.

내가 혹 무슨 일로써 그대를 책(責)한다든지 기타 어떠한 사람이 그대를 나무라거든 그대는 마땅히 그 나무람을 듣고 두려워하지도 말고 노하지도 말고, 정신을 정지(停止)하여 그 나무라는 까닭을 알아 가지며 또는 그대를 찬성(讚成)하는 경우를 당하거든 그대는 마땅히 찬성 받음을 기뻐하지도 말고 부끄러워하지 말고, 다만 정신을 정지하여 그 찬성하는 까닭을 알아 가지면 지식과 행동이 날로 달라져서 모든 일이 변하리라.』

하시고, 또 이어 말씀하시었다.

『이 세상의 범상한 사람이라 하는 것은 아무 생각 없이 저를 찬성하면 부지불식간에 입이 빙그레 웃어지고, 조금이라도 저를 나무란 즉 듣기 싫어하여 친근하다가도 자연히 멀어지나니, 어찌 어리석지 아니하리요. 그러나 그것은 인지상정(人之常情)이라, 그런 일을 전문적으로 공부한다는 사람까지도 그러하거늘 하물며 배움이 없는 사람이야 말할 것이 무엇 있겠느냐.』

62

대종사 '궁을가'를 보시고 『선각자도 많이 있더라』하시고 말씀하시었다.

『궁을가 중에 '갑자(甲子) 정월(正月) 초 하룻날로 후천구복십이회(後天九復十二回)라'는 것을 수운 선생께서 인증하셨다. 그러기에 수운 선생이 선각자이시다.』

이어서 말씀하시었다.

『갑자 정월 초하루로 1대겁이 시작된다.』

대종사는 궁을가를 가끔 보시며 제자들에게 손을 들어 궁궁을을(弓弓乙乙)을 가르쳐 주시고 궁을가를 김대거 등에게 주시어 읽게 하시었다.

궁을가(弓乙歌)※

　대명천지(大明天地) 일월지하(日月之下)에 억조창생 생기실제 / 삼황오제(三皇五帝) 은덕(恩德)으로 너도나고 나도나고 / 부모은덕 입었나니 은대덕중(恩大德重) 태산(泰山)이라 / 천지정위(天地定位) 일분후(一分後)에 건곤부모(乾坤父母) 일반(一般)이라 / 우리아동(我東) 동몽(童蒙)들아 부모은덕 갚는노래 / 너와나와 불러보자 구변구부(九變九復) 차시천지(此時天地) / 일사어사(一事於斯) 구변수도(九變修道) 일천사백 사십만년 / **갑자정월(甲子正月) 초일일(初一日)로 후천구복(後天九復) 십이회(十二會)라** / 이십일년(二十一年) 갑신년(甲申年)에 주성회도(主星回度) 태양(太陽)이라 / 태양태음(太陽太陰) 미정(未定)하니 외각국(外各國)이 분분(紛紛)이라 / 천시지리(天時地理) 존중(尊重)하나 부여인화(不如人和) 이때로다 / 차시갑자(此時甲子) 구부하(九復下)에 태고지시(太古之時) 경귀(更歸)로다 / 사십사방(四十四方) 정천지(定天地)에 십이회(十二會) 산복(蒜覆)이라 / 궁을성진(弓乙星辰) 조임(照臨)하니 만법주종(萬法主宗) 조화로다 / 매귀하송(每句下誦) 차육자(此六字)로 궁궁을을(弓弓乙乙) 성도(聖道)로다. / 만승도사(萬乘道師) 어명(御命)으로 수심수도(修心修道) 도통(道通)이라 / 광제창생(廣濟蒼生) 치덕하(治德下)에 주유사방(周遊四方) 으뜸이라 / 만수도인(萬

修道人) 요행(僥倖)나서 모춘삼월(暮春三月) 호시절(好時節)에 / 편항궁을(遍降弓乙) 신인등(神人等)을 분야지내(分野之內) 십이국(十二國)에 / 비산비야(非山非野) 하처향(何處向)고 비천비지(非天非地) 성진(星辰)이라 / 십이회중(十二會中) 성도시(成道時)에 좌선우선(左旋右旋) 위주(爲主)로다 / 일천지하(一天之下) 대보의(大寶義)는 편항궁을(遍降弓乙) 노래로다 / 청춘소년(靑春少年) 유협(游俠)들아 매양풍류(每樣風流) 좋다말소 / 십이회(十二會) 생도(生道)하여 다시신명(神明) 십이회(十二會)라 / 심통육예(心通六藝) 제일(第一)이라 사서삼경(四書三經) 많이읽어 /수도수신(修道修身) 정심(正心)하면 충효이명(忠孝二名) 얻을때라 / 남에게 적악(積惡)말고 정심(正心)한즉 면액(免厄)이라. / 천지운수(天地運數) 불행(不幸)하나 적선자(積善者)는 무고(無故)로다 / 천지망망(天地茫茫) 저궁을(弓乙)을 어느창생(蒼生) 뉘알소냐 / 궁을(弓乙)인들 다 알소냐 악고망(惡苦網)이 전복(顚覆)이라 / 인개호지(人皆好之) 원송(願誦)하면 국태민안(國泰民安) 금시(今時)로다 / 요순지풍(堯舜之風) 되렸마는 도인외(道人外)에 뉘알소냐 / 패도(悖道)말고 수도(修道)하소 도하지(道下止)가 이것이라 / 지성(至誠)으로 늘부르면 외국병(外國兵)이 부범(不犯)이라 / 이재전전(利在田田) 가지말소 동서남북(東西南北) 사석(四席)이라 / 만화도인(萬化道人) 현인군자(賢人君子) 일읍지내(一邑之內) 있을진댄 / 그곳에 질병(疾病)없고 오곡(五穀)이 등풍(登豊)이라 / 궁을성신(弓乙星辰) 습도(習道)하면 이매망량 소멸(消滅)이라 / 좌선우선(左旋右旋) 습도(習道)하니 질병호환(疾病虎患) 근심할까 / 우리아동(我東) 동몽(童蒙)들아 궁을가(弓乙歌)나 불러보세 / 너는좌선(左旋) 나는우선(右旋) 궁을(弓乙)대로 놀아보자 / 복원천지(伏願天地) 저 궁을(弓乙)을 인화(人和)없이 습도(習道)하랴 / 건곤부모(乾坤父母) 인자(仁慈)하여 억조창생(億兆蒼生) 생각이라 / 만화궁을(萬化弓乙) 내림(來臨)한들 생활지방(生活之方) 뉘알소냐 / 인구유토(人口有土) 뉘알소냐 수심정도(修心正道) 앉을좌자(坐字) / 낙반사유(樂返四維) 뉘알소냐 인의예지(仁義禮智) 적선(積善)이라 / 천지정배(天地定配) 다시되니 시화연풍(時化年豊) 이아닌가 / 사람마다 안부르면 년년기한(年年飢寒) 어찌할가 / 소재면액(消災免厄) 절로되니 태평성대(太平聖代) 이아닌가 / 사람마다 다부르면 연연풍등(年年豊登) 하렸마는 / 주야불망(晝夜不忘) 늘불러서 천은지덕(天恩地德) 갚아보자 / 주유주유(周遊周遊) 만세주유(萬歲周遊) 좋을좋을 좋을시구 / 애고애고 저백성(百姓)아 간단말이 웬말인가 / 고국본토(故國本土) 다버리고 어느강산(江山) 가려는가 / 부노휴유(扶老携幼) 가지말고 태평성대(太平聖代) 좋은때에 / 팔황천지(八荒天地) 생기실제 일난일치(一亂一治) 있나니라 / 삼재지화(三災之火) 부제(不霽)하니 세상사(世上事)가 착난(錯亂)이라 / 국가충신(國家忠臣) 효부모

(孝父母)면 삼재팔난(三災八難) 있을쏘냐 / 가고가는 저백성(百姓)아 일가친척(一家親戚) 어이하뇨 / 차시구복(此時九復) 불원(不遠)이라 천하태평(天下太平) 절로된다 / 부모처자(父母妻子) 다버리고 길지(吉地)찾는 저백성(百姓)아 / 자고창생(自古蒼生) 피란(避亂)하니 기만명(幾萬名)이 살았드냐 / 인의예지(仁義禮智) 어진마음 상인해물(傷人害物) 전혀말면 / 오복(五福)이 내몸이라 길성조림(吉星照臨) 어데있노 / 생활지방(生活之方) 내게 있어 부모처자(父母妻子) 안보(安保)로다 / 저기가는 저소년(少年)아 궁을가(弓乙歌)를 웃지마소 / 사궁을(四弓乙) 생도(生道)할제 일인화(一人化)도 극난(極難)이라 / 귀노지성(歸路至誠) 소리말고 궁을(弓乙)노래 불러보자 / 천지개화(天地開化) 좋은 소리 어느뉘가 안부르리 / 율여조양(律呂調陽) 좋을시구 낙낙장송(落落長松) 노래로다 / 궁을(弓乙)불러 인화(人和)하면 재앙춘소(災殃春消) 오복(五福)온다 / 부귀빈천(富貴貧賤) 원(願)치말소 사람마다 때가있네 / 기인취물(欺人取物) 위부(爲富)하면 그형세(形勢)가 몇날인가 / 적악자(積惡者)를 죽이려고 차세상(此世上)이 분분(紛紛)이라 / 남아세상(男兒世上)에 헤쳐나서 유현지명(唯賢至明) 근본(根本)이라 / 남을속여 일시호(一時好)는 자손(子孫)까지 멸망(滅亡)이라 / 부모은공(父母恩功) 잊지말고 공경부모(恭敬父母) 하여보소 / 도로방황(道路彷徨) 저백성(百姓)아 남부여대(男負女戴) 가지말소 / 천은지덕(天恩地德)

잊지말고 보국안민(保國安民) 잊지말소 / 궁을가(弓乙歌)를 늘 불러보소 생활지방(生活之方) 내게있네 / 답답한 저런사람 심산궁곡(深山窮谷) 찾아간다 / 피란(避亂)하여 은신(隱身)하면 천죄자(天罪者)가 살아날까 / 가도역시 궁곡(窮谷)이라 어찌하여 하잔말고 / 종천강(從天降) 종지출(從地出)은 자고(自古)로 없었으니 / 적악자(積惡者)가 무가내(無可奈)라 일편수도(一片修道) 아니하고 / 가고가면 살아날까 일편수도(一片修道) 전혀없이 / 생활지방(生活之方) 찾는도다 우습고도 가소(可笑)롭다 / 남천북천(南天北天) 어디인고 분리친척(分離親戚) 가지말고 / 인의상대(仁義相對) 근본(根本)이라 일인지화(一人之化)가 만인지덕(萬人之德)이라 / 차시성덕(此時聖德) 궁을(弓乙)일세 수도(修道)없이 노래해도 / 늘부르면 인화(人和)로다 처처창생(處處蒼生) 미련하다 / 재가불리(在家不離) 피란(避亂)이라 구변구부(九變九復) 차시천지(此時天地) 인화(人和)로세 / 갱정(更定)이라 부부정위(不復定位) 이러하니 / 이십양년(二十兩年) 분분(紛紛)이라 춘추전국(春秋戰國) 일어날제 / 천지운수(天地運數) 아닐런가 차시갑자(此時甲子) 삼월천(三月天)에 / 태양태음(太陽太陰) 정배(定配)로다 얼씨구나 불러보자 / 천시부여(天時不如) 인화(人和)로다 국태민안(國泰民安) 절로되니 / 난신적자(亂臣賊子) 물러간다 시호시호(時乎時乎) 좋을시구 / 남아득의(男兒得意) 이때로다 얼싸좋다 좌편궁을(左便弓乙) / 사시만물(四時

萬物) 체질한다 불벌자퇴(不伐自退) 절로되니 / 안존평절(安存平節) 이때로다 궁을가(弓乙歌)를 지은도사 / 동요(童謠)가르쳐 선화(仙化)로다 얼씨구나 좋을시구 / 창생도탄(蒼生塗炭) 없어진다 삼백육십(三百六十) 각읍태수(各邑太守) / 포덕포화(布德布化) 하는때라 우리태수(太守) 두(斗)로다 / 원차구군(願借寇君) 하였으면 국가태평(國家太平)하고 / 각읍(各邑)이 평안(平安)하렸마는 이아니 좋으신가 / 조선강산(朝鮮江山) 명산(名山)이라 도통군자(道通君子) 또있구나 / 사명당(四溟堂)이 갱생(更生)하니 승평지세(勝平之世) 불원(不遠)이라 / 비장용장(飛將勇將) 나는도다 사해풍진(四海風塵) 쓸려간다 / 지금천지(至今天地) 불안(不安)하니 천지운수(天地運數) 무가내(無可奈)라 / 천명(天命)없이 나설소냐 이때천명(天命)이 시도(時到)로다 / 수도(修道)한즉 용신(用身)하며 풍운도술(風雲道術) 임의(任意)로다 / 천변만화(千變萬化) 궁을(弓乙)일세 도통자(道通者)는 조화(造化)로다 / 지성자(至誠者)는 조화(造化)로다 천지운액(天地運厄) 방비(防備)로다 / 초야(草野)에 늙은영웅(英雄)들은 궁궁을을(弓弓乙乙) 용화(用化)로다 / 구변구복(九變九復) 차시지화(此時之化) 궁궁을을(弓弓乙乙)로 용신(用身)이라 / 적악자(積惡者)는 작해(作害)하고 적선자(積善者)는 생화(生化)로다 / 이재궁궁(利在弓弓) 이곳일세 늘부른즉 용생(用生)이라 / 선악자(善惡者)를 구별(區別)하니 태극궁을(太極弓乙)이 신명(神明)이라 /

물욕지심(物欲之心) 두지말고 궁궁을을(弓弓乙乙) 돌아보자 / 이때천지(天地) 구복시(九復時)에 궁을도통(弓乙道通) 유현(唯現)이라 / 대성지화(大聖之化) 돌아오니 어서바삐 불러보자 / 양유동풍(楊柳東風) 삼월천(三月天)에 다시태평(太平) 돌아온다 / 효제충신(孝悌忠信) 예의염치(禮義廉恥) 차시성덕(此時聖德) 갱정(更定)이라 / 궁을지화(弓乙之化) 현발(現發)하면 요순시절(堯舜時節) 돌아온다 / 팔조목(八條目)이 다시밝아 삼강오상(三綱五常) 조서(詔書)로다 / 자고(自古)로 태평세계(太平世界)에 인의예지(仁義禮智) 웃을소냐 / 차현화지(此賢化之) 궁을가(弓乙歌)를 억만인중(億萬人中) 뉘 싫다하랴 / 인개위지(人皆謂之) 허언(虛言)하여 불신자(不信者)는 무복(無福)이라 / 차역천리(此亦天理) 무가내(無可奈)라 권도(勸道)하여 들을소냐 / 인력(人力)으로 어찌할고 유복자(有福者)는 신청(信聽)이라 / 부자형제(父子兄弟) 일신(一身)이나 일자불신(一子不信) 일불효(一不孝)라 / 궁을(弓乙)인들 다구(求)하랴 지성자(至誠者)는 오복(五福)온다 / 천금일신(千金一身) 생각커든 만화궁을(萬化弓乙) 지성(至誠)하라 / 부모처자(父母妻子) 생각커든 궁궁을을(弓弓乙乙) 불러보자 / 세상사(世上事)를 생각커든 궁을지방(弓乙之方) 잊지말소 / 일가친척(一家親戚) 생각커든 궁을도통(弓乙道通) 하여보자 / 보제창생(普濟蒼生) 생각커든 수신정도(修身正道) 하여보소 / 자고이래(自古以來) 충의열사(忠義烈士) 난의포식(煖

衣飽食) 수도(修道)턴가 / 청한열사(淸寒烈士) 빈곤(貧困)으로 일심정도(一心正道) 하여보소 / 치천하지(治天下之) 대순우(大舜禹)는 도명덕화(道明德化) 제일(第一)이라 / 만고대성(萬古大聖) 공부자(孔夫子)도 덕화(德化)로서 계셨느니라 / 부귀(富貴)로서 광제(廣濟)하랴 도통자(道通者)는 무환(無患)이라 / 이노래 한좌석(坐席)에 일통중(一洞中)이 무고(無故)로다 / 이노래 한곡조(曲調)에 만화궁을(萬化弓乙) 포덕(布德)이라 / 인의예지(仁義禮智) 등지는놈 패도위주(悖道爲主) 뉘금(禁)하랴 / 가고가는 저망(亡)한놈 이향남천(離鄕南遷) 웬일인고 / 지성(至誠)없이 피란(避亂)하면 가는곳이 사지(死地)로다 / 앉아서 정심정기(正心正氣) 궁궁을을(弓弓乙乙) 가가호(家家好)라 / 적악지심(積惡之心) 두지말고 궁을(弓乙)노래 불러보자 / 남천북천(南天北天) 월강(越江)하면 국가은덕(國家恩德) 배반(背返)이라 / 천은배반(天恩背返) 뉘금(禁)할고 가도록 쉬죽나니라 / 억조창생(億兆蒼生) 생지(生地)있어 피난(避難)하여 가지말소 / 어룡조수(魚龍鳥獸) 집버리고 비거비래(飛去飛來) 죽나니라 / 동요(童謠)듣고 정심(正心)하면 일심정도(一心正道) 못할소냐 / 연호잡역(連戶雜役) 호구지책(糊口之策) 만백성(萬百姓)의 근본(根本)이라 / 길지(吉地)찾아 가지말고 금일(今日)부터 갱정(更定)하소 / 직업(職業)을 힘쓰면서 궁을지가(弓乙之歌) 익히보소 / 궁궁을을(弓弓乙乙) 성도(聖道)로다 춘(春)아춘(春)아 태평춘(太平

春)아 / 사시안정(四時安定) 태평춘(太平春)아 삼십육궁(三十六宮) 도시춘(都是春)아 / 동원도이(東園桃李) 편시춘(片時春)아 녹음방초(綠陰芳草) 승화시(勝花時)에 / 아니놀고 무엇할고 궁을가(弓乙歌)나 부르면서 / 기리기리 놀아보자 천궁천을(天弓天乙) 사천(事天)하고 / 태궁태을(太弓太乙) 사지(事地)로다 이내노래 늘불으면 / 궁궁을을(弓弓乙乙) 성도(聖道)로다.

※ 궁을가 : 작자 및 창작 연대 미상의 동학가사

63

대종사 변산에 입산하시어 주자의 '무이구곡시'를 즐겨 읊으시고 영광 제자들에게 써 보내주시었다.

무이구곡시(武夷九曲詩)

武夷山上有仙靈 무이산상유선영
山下寒流曲曲淸 산하한휴곡곡청
欲識箇中奇絶處 욕식개중기절처
櫂歌閑聽兩三聲 도가한청양삼성

무이산 위에 선영이 있으니
산아래 한류가 굽이굽이 맑더라
그 가운데 기절한 곳을 알고자 할진댄
돛대 노래를 한가히 두 서너 소리 들어봐라.

一曲溪邊上釣船 일곡계변상조선
幔序峰影蘸淸川 만서봉영잠청천
虹橋一斷無消息 홍교일단무소식
萬壑千峯鎖暮煙 만학천봉쇄모연

한 굽이 시냇가 낚싯배에 오르니
만서봉 그림자 맑은 내에 잠겼더라
홍교가 한 번 끊어져 소식이 없으니
만학천봉이 모연에 잠겼더라.

二曲亭亭玉女峰 이곡정정옥녀봉
挿花臨水爲誰容 삽화임수위수용
道人不復荒臺夢 도인불부황대몽
興入前山翠幾重 흥입전산취기중

두 굽이 정정한 옥녀봉은

꽃을 머리에 꽂고 물에 임하니 누구 위한 얼굴인고
도인은 다시 황대꿈을 안 꾸나니
흥이 앞산 푸른 몇 겹에 들어가던고
三曲君看架壑船 삼곡군간가학선
不知停櫂幾何年 부지정도기하년
桑田海水今如許 상전해수금여허
泡沫風燈堪可憐 포말풍등감가련

세 굽이 그대가 골짜기에 매어 둔 배를 보니
돛대 머문 지 그 몇 년이 되었는고
상전 해수가 지금 저와 같으니
물거품 바람 앞 등잔이 가히 불쌍하더라.

四曲東西兩石岩 사곡동서양석암
岩花垂露碧氈毿 암화수로벽전삼
金鷄叫罷無人識 금계규파무인식
月滿空山水滿潭 월만공산수만담

네 굽이 동서 두 바위들에
바위에 꽃들은 이슬 머금어 푸르게 드리워 있더라
금 닭이 울어 파함을 아는 이 없는데

달은 빈 산에 가득하고 물은 못에 가득하더라.

五曲山高雲氣深 오곡산고운기심
長時煙雨暗平林 장시연우암평림
林間有客無人識 임간유객무인식
欸乃聲中萬古心 애내성중만고심

다섯 굽이 산은 높고 구름 기운 깊은데
긴 때에 안개비 평림에 어둡더라
숲 사이 객 있음을 아는 이 없는데
애내성중에 일만 옛 마음이더라.

六曲蒼屛繞碧灣 육곡창병요벽만
茅茨終日掩柴關 모자종일엄시관
客來倚櫂岩花落 객래의도암화락
猿鳥不驚春意閒 원조불경춘의한

여섯 굽이에 푸른 병풍이 푸른 물굽이를 둘렀으니
띠로 이은 집 종일토록 섶문(사립문) 닫혔는데
객이 와서 돛대 저으니 바위꽃 떨어지나
원숭이와 새들이 놀래지 않고 봄 뜻이 한가하더라.

七曲移船上碧灘 칠곡이선상벽탄
隱屛仙掌更回省 은병선장갱회성
却憐昨夜峰頭雨 각연작야봉두우
添得飛泉幾度寒 첨득비천기도한

일곱 굽이에 가서 배를 옮겨 푸른 여울 올라가니
은병선장을 다시 돌아보더라
가히 어여쁘다 어젯밤 봉우리에 내린 비여
비천은 얼마나 찬 것을 얻었는고

八曲風煙勢欲開 팔곡풍연세욕개
敲樓岩下水瀠洄 고루암하수영회
莫言此處無佳景 막언차처무가경
自是遊人不上來 자시유인불상래

여덟 굽이 바람에 연기 형세 열리고
북 다락같은 바위 아래 물이 엉켜 돌더라
이곳에 아름다운 경치 없다고 말하지 말라
이로부터 노는 사람들이 올라오지 않더라.

九曲將窮眼豁然 구곡장궁안활연
桑麻雨露見平川 상마우로견평천
漁郞更覓桃源路 어랑갱멱도원로
除是人間別有天 제시인간별유친

아홉 굽이 장차 다해 눈이 훤히 열리니
뽕나무 삼나무 비 이슬이 평천을 보더라
어랑이 다시 도원 길을 찾으니
이 인간에 따로 하늘 있는 게 아니더라."

64

 대종사 대각을 이루시고 우연히 떠오르는 가사를 외우셨다. 가사(호남가)를 들은 김광선이 말씀드렸다.
 『이 가사는 예전부터 전해 내려오던 것입니다.』
 대종사 말씀하시었다.
 『아! 나보다 먼저 깨달은 분이 있었구나』
 대종사 호남가 구절에 '우리호남 좋은법성 전주백성 거느리고'를 덧붙이셨다.

호남가(湖南歌)※

　함평(咸平) 천지(天地) 늙은 몸이 광주(光州) 고향(故鄕)을 보랴 하고
　제주(濟州) 어선(漁船) 빌려 타고 해남(海南)으로 건너갈 제
　흥양(興陽)에 돋은 해는 보성(寶城)에 비쳐 있고
　고산(高山)에 아침 안개 영암(靈巖)을 둘러 있다
　태인(泰仁)하신 우리 성군(聖君) 예낙(禮樂)을 장흥(長興)하니
　삼태육경(三台六卿)은 순천심(順天心)이요 방백수령(方伯守令)은 진안민(鎭安民)이라
　고창성(高敞城) 높이 앉아 나주(羅州) 풍경(風景)을 바라보니
　만장(萬丈) 운봉(雲峯) 높이 솟아 층층(層層)한 익산(益山)이요
　백리(百里) 담양(潭陽) 흐르는 물은 굽이굽이 만경(萬頃)이라
　용담(龍潭)에 맑은 물은 이 아니 용안처(龍安處)며
　능주(陵州)에 붉은 꽃은 골골 마다 금산(錦山)이라
　남원(南原)에 봄이 들어 각색(各色) 화초(花草) 무장(茂長)하니
　나무 나무 임실(任實)이요 가지가지 옥과(玉果)로다
　풍속(風俗)은 화순(和順)하고 인심(人心)은 함열(咸悅)이라
　이초(異草)는 무주(茂朱)하고 서기(瑞氣)는 영광(靈光)이라

창평(昌平)한 좋은 세상 무안(務安)을 일삼으니

사농공상(士農工商) 낙안(樂安)이요 부자(父子) 형제(兄弟) 동복(同福)이라

강진(康津)에 상가선(商賈船)은 진도(珍島)로 건너갈 제

금구(金溝)에 금을 일어 싸 놓으니 김제(金堤)로다

농사(農事)하는 옥구(沃溝) 백성(百姓) 임피성(臨陂城)을 둘러 있고

정읍(井邑)에 정전법(井田法)은 납세(納稅) 인심(人心) 순창(淳昌)하고

고부(古阜) 청춘(靑春) 양유색(楊柳色)은 광양(光陽) 춘풍(春風) 새로워라

곡성(谷城)에 묻힌 선배 구례(求禮)도 하거니와

흥덕(興德)하기를 나날이 시습(時習)하니

부안(扶安) 국가(國家) 보국(補國) 충신(忠臣) 아닌가

우리호남(湖南) 좋은법성(法聖) 전주(全州) 백성(百姓)을 거느리고

장성(長城)을 널리 싸고 장수(長水)로 돌렸는데

여산(礪山)돌칼을 갈아 남평루(南平樓)에 꽂아 놓으니

어느 외방지국(外方之國)이 경거(輕擧)할 뜻을 둘까 보냐.

※ 호남가 : 신재효의 단가라고 하나 전해 내려오는 것을 신재효가 정리한 것으로 보인다.

65

 대종사 '법인기도' 시 9인 제자에게 〈옥추보경〉을 외우게 하시고 그 후 제자들에게 〈옥추보경〉에 대하여 자주 말씀하시였다.
 또한 대종사 총부에서도 제자들에게 특별이 날을 정해 기도를 올리기도 하였다.
 기도는 저녁 시간에 올리게 하였으며, 방 한 가운데 놓은 상 위에다 청수동이를 놓고 양쪽 가에 촛불 두 개를 켜 놓으며 둘러앉게 하였다.
 남자와 여자는 상호 반대위치에서 마주보고 각자의 단별 방위를 따라 앉았다.
 대종사 좌정하시어 기도를 시작하는 죽비를 치면 일제히 방위별로 〈옥추보경〉을 외웠다.
 또한 대종사 제자들에게 〈옥추보경〉의 정수를 뽑아 많이 외우고 공부를 하게 하였다.

옥추보경(玉樞寶經)※

 도자(道者)는 이성이입(以誠而入)하고 이묵이수(以默而守)하고 이유이용(以柔而用)하나니

'도는 정성으로써 들어가고 묵묵으로써 지키고 부드러움으로써 쓰나니'

용성사우(用誠似愚)하고 용묵사눌(用默似訥)하고 용유사졸(用柔似拙)하니
'정성을 씀에 어리석은것 같고 묵묵함을 씀에 어눌한것 같고 부드러움을 씀에 졸한것 같으니'

부여시즉가여망형(夫如是則可與忘形)이오 가여망아(可與忘我)요 가여망망(可與忘忘)이니라.
'무릇 이같이 한즉 가히 더불어 몸을 잊고 가히 더불어 나를 잊고 잊었다 하는 것도 잊을 것이니라.'

입도자(入道者) 지지(知止)하고 수도자(守道者) 지근(知謹)하고 용도자(用道者) 지미(知微)하니
'도에 든 자 그칠 줄 알고 도를 지키는 자 삼가할 줄 알고 도를 쓰는 자 미묘한 것을 아나니'

능지미즉(能知微則) 혜광생(慧光生)하고 능지근즉(能知謹則) 성지전(聖智全)하고
'능히 미묘한 것을 안즉 혜광이 나고 능히 삼가할 줄 안즉 성지가 온전하고'

능지지즉(能知止則) 태정안(泰定安)하고 태정안즉(泰定安則) 성지전(聖智全)하고
'능히 그칠 줄 안즉 크게 정하여 편안하고 크게 정하여 편안한즉 성지가 온전하고'

성지전즉(聖智全則) 혜광생(慧光生)하고 혜광생즉(慧光生則) 여도위일(與道爲一)하니
'성지가 온전한즉 혜광이 나고 혜광이 난즉 도와 더불어 하나가 되나니'

시명진망(是名眞忘)이라 유기망이부망(惟其忘而不忘)이라.
'이것을 참으로 잊은 것이라 오직 그 잊어서 잊지 않음이라.'

망무가망(忘無可忘)하고 무가망자(無可忘者) 즉시지도(卽是至道)니라.
'가히 잊어서 잊을것이 없고 가히 잊을것도 없는 자 곧 이 지극한 도니라'

도재천지(道在天地)나 천지부지(天地不知)하고
'도가 천지에 있으나 천지도 알지 못하고'

유정무정(有情無情)이 유일무이(惟一無二)니라.
'유정 무정이 오직 하나요 둘이 아니니라.'

— 옥추보경(玉樞寶經)의 요점(대산종사) —

※ 옥추보경 : 조선시대에 점을 보거나 제사·기도를 드릴 때 주문으로 외움.

부록) 대종사 약전(略傳)

1. 탄생
2. 유시
3. 발심
4. 구도
5. 입정
6. 오도
7. 불법기연
8. 불법혁신
9. 접화(接化)
10. 건설
11. 입적
부. 연보표

주) 대종사 약전은 주산 송도성(1907-1946) 종사가 1943~1945 사이에 원고지 100매 가량으로 기술하였다.

1. 탄생

　대종사의 성은 박(朴)씨, 본관은 밀양(密陽), 휘는 중빈(重彬), 호는 소태산(少太山)이시니 불기 2917년 신묘 3월 27일 조선 전라남도 영광군 백수면 길룡리에서 탄생하시다.

　대종사(大宗師) 고(考)의 휘(諱)는 성삼(成三), 비(妣)는 강릉 유(劉)씨로서 후일 법명 정천(定天)이니 성삼공은 소시에 가빈(家貧)하야 비록 학식은 넉넉함이 없었으나 천성이 정직하고 범사에 명민(明敏)함으로써 평생에 중인의 존경함을 받앗섯고 정천씨(定天氏)는 천성(天性)이 인후하고 행의(行誼)가 단정하야 인근 동리에서 덕인의 칭송이 높앗다 하며 형제 4인중 대종사께서 제 3자(第三子)로 탄생하시다.

대종사의 세계(世系)를 약고(略考)하건대 대종사의 시조는 신라 시조왕(명名 혁거세)이요 중세(中世)에 그 본을 얻기는 밀성대군 (신라 경순왕의 장자 명名 언침彦忱이며) 13세조 청제공 박심문 (시충정諡忠貞)은 이조(李祖) 세조시(世祖時) 육신(六臣)과 더부러 상왕(上王) 단종대왕(端宗大王)을 모복(謨復)하다가 순절되야 충사(忠祠) (영월 동악사, 해남 등지)에 배형(配亨)하엿고 그 후에 경기도 양주군에 세거하다가 7세조 (명억 호구계 名憶 號九溪)에 지(至)하야 비로소 영광에 이거(移居) 하였으며 고 성삼공(考成三公)에 이르기까지 군서면 마읍리에 거주 하다가 대종사 탄생 7년전 갑신(甲申)에 백수면 길룡리로 이거 하였다.

2. 유시

대종사(大宗師) 유시(幼時)로 붙어 체상(體相)이 구족하시고 신채영발(神采英發)하시며 도량이 탁월하시고 행동이 비범하시니 보는 자 모두 찬송함을 마지아니 하였으며 그우에 더욱이 주의하는 천성이 깊으시사 시청언동(視聽言動)을 하나도 심상히 하는바가 없으시며 놀으실때에도 매양 장자(長者)의 석(席)을 좇아 뭇기를 조와 하시고 가언선행(嘉言善行)의 좋은 말슴 듯기를 즐겨하시며 철없는 동리 아해(兒孩)들과 동반하야 놀기를 싫어하시나 만약 같이 놀게되실 때에는 반드시 지도자의 입장에 스세서 모든 행동을 지도명령 하섯스며 여인상약(與人相約)을 하거나 비록 자심결정(自心決定)이라 할지라도 마음 가온대 한번 결정한 일은 아모리 어려운 사정이 있다 할지라도 그를 반다시 실행하야 허언(虛言)을 짓지 아니하시니 당시의 향당부노(鄕黨父老)들이 모다 사랑하고 존경하며 그 장래를 크게 촉망하게 되엇나니라.

「일화」 유시(幼時)의 지략(智略)과 호담(豪膽)

(1) 부친을 놀래게 하신 일

대종사 4세 되시던 해 어느 날에 부친과 같이 조반(朝飯)을 잡수시더니 대종사께서 당신의 밥이 적다하여 부친의 밥을 덜어 오신대 부친께서 사랑하신 생각으로 말씀하시기를 『네가 어룬의 밥을 덜어가니 딴딴히 마저야 되겠다.』하시니 대종사 가라사대 『아버지가 만약 나를 때리기로 하면 나는 먼저 아버지를 놀래게 할 테야』라고 하시였다. 부친은 더욱 사랑하신 마음으로 『네가 엇지 나를 놀래게 하겠느냐』하시고 우수시였다. 그로 붙어 몇 시간 후에 부친은 가사를 삶이시다가 몸의 피로를 늣기시여 사랑에서 잠간 낫잠을 자시더니 대종사 청상(廳上)에서 놀으시다가 돌연히 큰소리를 질러 가로대 『이 앞 노루목 (장항獐項) 길에 동학군 보라」하시니 때는 갑오년 춘간(春間)이라 사방에 폭민(暴民)들이 동학당을 빙자하여 약탈이 심하고 또는 가세가 부빈(不貧)한 터임으로 그 난당이 온다 온다 하는 예보(豫報)가 잇서서 항상 근심 중에 잇든 바 대종사께서 전일에 부모와 가권이 동학군으로 인해 걱정하는 말슴을 들엇든고로 이와 같이 헛 경보(警報)를 하신 것이라, 부친은 잠결에 이 급보를 듯고 창황망조하여 미처 정신(精神)을 차리기도 전에 곳 담을 넘어 후원 죽림 속에 은신 하엿더니 오랜 후(後)에도 아모 긔척이 없는지라, 이때에 모친이 가만히 동리에 순회하여 난당의 거취 탐사 하얏으나 종시 흔적이 없음으로 드듸여 등에 업혀 잇는 대종사에게 무르되 『너 참으로 노루목에 동학군 보앗느냐.』

대종사 『보기는 무얼 보앗서』

모친 『그러면 웨 거짓말을 하엿느냐』

대종사 『아버지 좀 놀래주려고』

모친 『아버지는 웨 놀래시게 하느냐』

대종사 『아츰에 아버지와 약조한 일이 잇섯기에 그것을 실행하였지.』

하고 태연자약한 태도로 이러케 말슴하엿다. 모친은 이 말을 듯자 곳 달녀가서 부군에게 그 사유를 고하엿으나 오히려 믿지 아니하고 부인으로 하여금 재차 동리를 삷이게 한 후에 다시 대종사에게 그 진가를 물으심에 대종사 또 여전히 대답하시는

지라.

부친이 그제야 안심하고 나오섯으며 내심에 이제 겨우 4세 유아가 그럿튼 한 지략이 잇슬 것인가 하고 놀라임을 마지 않으섯다 한다.

(2) 사숙선생을 놀래게 하신 일

또 10세 되시든 해에는 이러한 일이 있었다. 대종사께서 한문 사숙(私塾)에 다니시더니 그 사숙선생이 대종사의 정원에 과실 나무가 많이 잇스면서 과실 선사를 진즉 아니한다는 이유로 대종사를 미워하기 시작하엿다. 그러나 대종사께서는 마음은 잇섯스나 아즉 부모의 처리가 없섯슴으로 과실 선사를 하지 못하고 있든 중 때마침 동지날을 당하엿는지라. 그 선생이 조선 재래습관에 의하여 동지 팟죽을 준비 하엿든바 대종사와 같이 단이는 한 학동에게는 별(別)로 내실(內室)로 불러다가 팟죽을 대접하되 오즉 대종사에게는 공궤(供饋)함이 없을 뿐만 아니라 가지고 온 냉반(冷飯)을 사랑에서 혼자 잡수시되 온수공급까지도 하지 안는지라 대종사 내심에 좀 불쾌히 여기었더니, 후일 그 선생이 어떤 친구와 같이 담화중 말하기를 『나는 평생에 무엇에나 놀래여 본 적이 없고 또는 누구에게 구타나 위협을 당하여 본 바가 없었다.』고 호언장담을 하는 것이었다.

그때에 대종사께서 그 말을 들으시고 속으로 우스시며 말슴하시기를 『제가 선생님을 오늘 일모전(日暮前)에 놀래시게 하오리까.』 하신대 그 선생 부연한 태도로 『네가 엇지 능히 나를 놀내게 하며 만약 그른다면 네 집안에 큰 파벽(破僻)이 될 라고』 하며 아주 경멸히 아는 태도(態度)를 보인 후(後)에 또 말하기를 『네가 만일 일모전에 나를 놀내이게 하지 못하면 어룬을 조롱한 죄(罪)로 네의 종아리는 성하지 못하리라.』고 얼렀다

대종사 『제가 선생님을 놀내시게 하지 못하는 때에는 그와 같은 죄를 당하려니와 만약 놀내시도록 하는 때에는 선생님은 어떻게 하시렵니까.』

선생 『하기는 어떻게 해』

대종사 『저는 다른 것을 원치 안습니다. 후 일에는 팟죽을 주시려거든 차별을 내지 말으시고 꼭 공평하게 줍시사 하는 말뿐입니다.』 하시니 엽해서 그 말을 듯든 선생의 친구가 이상히 역이여 그 선생을 도라보며 『자네 언제 저 아이에게 팟죽 안 준 일이 잇섯든가. 만일 자네를 놀내게 하는 때에는 반다시 팟죽을 차별 없게 주게.』 이렇게 말하고 다시 대종사를 향하여 『이번 약조한 일은 내가 잘 들엇으니 네가 만일 일모전에 저 선생님을 못 놀래게 하는 때에는 내가 드러서라도 너를 꼭 맛게 하리라.』고 말하였다.

이 일이 잇슨 후 바로 그날 오후엿다.

『불이야 불이야』하고 동내 사람의 웨치는 소리에 선생은 놀

내여 문을 열어보니 천만 뜻밖에도 자기의 생명선으로 역이는 나무 벼늘에 불이 붙어서 화광이 충천하고 연기가 자욱한 현장이였다. 그때 그 선생은 산중에 사는 관계로 여러 사람의 산장을 수호하여 주고 매년 송신벌채(松薪伐採)로써 유일한 생계를 삼아오든 터이라, 전 붙어 동리 노동자를 총 출동 식혀서 수만 다발의 송신을 한 곧에 산과 같이 쌓게 되엿으며, 송신을 쌓을 때 떠러진 가루를 또한 적지 않게 모아 그 엽헤 쌓잇게 되엿든 바 불이 이러난 곧은 바로 그 솔가루 벼눌이엿다. 그 선생은 어떻게나 놀낫음 이엿든지 웃옷을 벗어 소변통에 적셔가지고 전지도지(顚之倒之) 쪼차가서 동리 사람의 협력으로 간신히 그 불은 진정 되엿으나 그 대신 선생의 수염은 다 타저버리고 모양은 볼 수 없게 되엿섯다.

불을 다 진정한 뒤에 선생은 방화원인을 조사할 새 이는 반다시 인부들의 실화소치라 하야 공연히 죄 없는 인부들만 닥달하는 판이었다. 그때에 선생의 아들 7세된 아이가 저의 아버지 앞으로 나아가며

『아버지 불은 진섭(鎭燮)이가 노앗습니다.』

하고 사실을 직고하니, 진섭은 대종사의 아명이시라. 대종사께서 당초에 불을 놓으려 가실 때 그 아이를 다리고 가서 화세가 확대되기 전에 일반에게 알니는 책임과 또는 진화 후에 고발하는 책임을 은연중 아울너 맥기심이었다.

이 말을 들은 선생은 노기가 절정에 달하여 벼락같은 소리로 대종사의 아명을 부르며 사방을 삷펴보니 그때에 대종사께서는 방화하신 후 숲을 아래에 앉으시여 그 현장을 보시고 잇는지라, 선생은 더욱 화를 내여 어찌할 바를 알지 못하고 곳 대종사를 잡고저 하거늘, 대종사 서서히 말슴하시되

『선생님! 그렇게 노하실 것이 없습니다. 이것이 오전 중에 선생님과 약조한 바가 아니오니까?』

라고 하섯다. 선생은 더욱 노기를 참지 못하니 엽헤 잇든 자기 친구(참견인參見人)가 팔을 잡으며

『여보게 그만 참게, 그 아이가 보통 아이가 아닐세』

하는 말도 못 들은 체하며 뿌리치고 이러나서 급히 딸코저 하거늘, 대종사 곳 다라 나서 그 선생에게 한문 배우기를 중지하시니, 그 때에 참견한 여러 사람들은 혹은 비방하고 혹은 장차 비범한 인물이 되리라고 말하였다.

3. 발 심

대종사 7세 되시든 해에 벌서 큰 의심이 나시엿다. 어느날 일기가 심히 화창하고 하날에는 한 점(點)의 구름이 없으며 사방 산천에는 청명한 기운이 충만하야 마치 새 천기를 보는 듯한 때이엿다. 대종사 고요히 앉으시사 그 자연의 풍광을 사랑하시

며, 우흐로 맑은 하날을 이윽히 보시다가 문득 한 생각이 나시엿다. 저 하날은 얼마나 높고 큰 것이며 어찌하여 저러케 깨끗하게 보이는고? 또는 저와 같이 깨끗한 천지에서 우연히 바람이 동(動)하고 구름이 일어나니 그 바람과 구름은 또한 어떻게 되는 것인고? 또는 주야가 변경되고 사시가 순환 하니 주야와 사시는 대체(大體) 어떻게 되야 지는 것이고? 이와 같이 한번 의심 머리가 이러 남을 따라 백천의심이 계속해 이러나서 멀니 물건을 생각한즉 물건이 모두 의심되고 갓가이 나를 생각한즉 내가 또한 의심되엿다. 대체 '나' 라는 이 존재가 과연 그 무엇인고, 어디서 왓으며 어디로 갈 것이며 영묘불가측(靈妙不可測)한 이 마음이란 과연 어떠한 물건인고? 이와 같이 심사숙고하여 종용(從容)한 기회(機會)와 한적한 처소를 만나면 매양 그 사색의 깊은 바다에 잠기시엿다. 이로 붙어 수년간은 부모의 명령에 종(從)하야 외면은 비록 사숙에 내왕하며 글공부를 한다 하시나 글배우는 대에는 사실로 뜻이 적으시고 좋은 의복 음식 기타 모든 유희등사(遊戲等事)에도 조금도 생각이 없으시고 오즉 이 모든 이치를 알고저 하는 것이 중심에 철저한 원이 되섯다. 더욱히 사숙선생에게 가히 배울 것이 없다는 것을 간파하신 후로는 사숙에는 중도내왕(中途來往)을 하시며 종일토록 신선한 남우 그늘에 앉으서서 눈을 감고 명상(冥想)에 잠기시기를 즐거하섯다.

『일화』 하날을 잡아보신 일

 이때의 일이다. 어느 날은 하날을 연구하시다가 하날이 산에 다인 듯한 것을 보시고 몇 번이나 산에 올나 그 실지를 심사해 보섯스며, 또는 어느 때에는 구름을 생각하시다가 인간에 모든 연화(烟火)가 우로 올라 구름이 된 줄로 인증하시고 스사로 상쾌한 마음을 내섯다는 일까지 잇스시다.

4. 구도

 대종사(大宗師) 한번 원(願)을 발(發)하신 후(後)로는 세월이 지낼수록 마음이 더욱 간절히 하사 주소일념으로 오즉 소원성원(所願成願)의 길을 찾기에 노력하시던 중 11세 되시든 해 10월15일에 조선구례(朝鮮舊禮)에 의하야 종족일동을 따라 동군(同郡) 군서면 마읍리 후록(後麓) 선산(先山) 시향제에 참예 하섯더니, 제례에 산신을 먼저 제사함을 보시고 족친중(族親中) 유식한 자를 찾어 물어 갈아사대『금일의 제사는 그 목적이 선조를 제사함에 잇거늘 산신을 먼저 하고 선조를 뒤에 함은 어떠한 연고이오니까』
 족인이 답왈『산신은 곳 산지(山地)의 주재자인지라 그 주재자를 몬저 대접한 뒤에 선조을 제사함이 당연치 안느냐』고 말하엿다.

　문 『그러면 산신(山神)이란 확실히 잇는 것이 오니까?』

　답 『산신은 참으로 잇슬 뿐 아니라 그 조화능력을 말로 다 형언 할 수 없는 것이니라.』

　문 『산신을 사람이 혹 볼 수도 잇겟읍니까?』

　답 『정성이 지극한 사람에게는 혹 보이기도 한다더라』하고 이어서 산신불공으로 영험을 얻은 몇 가지의 전설(傳說)을 이야기하야 들녀드렷다.

　대종사께서 이 문답을 마치신 후로 내심에 생각하시기를 『산신이 그와 같이 영험할 진대 나의 평생 소원하는 바 모든 의심을 이 산신에게 문의하면 반다시 알게 할 능력이 잇스리라.』고 하시고 그날 붙어 산신 만나실 결심을 중심에 단단히 세우섯다.

　그 후로는 매일 식후면 산중을 두류(逗遛)하사 산과(山果)를 보는 대로 거두시며 혹은 가중(家中)에서 정결한 음식을 보시면 반다시 가지시고 곳 길룡리 후록(後麓)인 구수산정(九岫山頂삼밧재) 마당바위에 오르시사 그 제물(祭物)을 암상(岩上)에 진설하시고 전후사방을 향하야 종일토록 예배하시다가 일모후에 귀래(歸來)하시기를 매일 과정적으로 하시되 (혹惑은 그 곧에서 종야終夜도 하섯슴) 풍우상설을 가리지 아니하고 하로도 빠짐없이 이와 같이 하기를 만 4개년 즉 15세 되실 때까지 계속 하섯스니 그 견인불발(堅忍不拔)하신 의지와 순일무사 하신 정성 이야말로 천지에 사모쳤다 할 것이며 계우 10여세의 유년으로 수목이 탱천(撑天)하고 맹수가 종횡하든 당시의 산로(山路)를 걸어서 무인절정에 홀로 앉아 기도 하섯음을 상상할 때 그 담력이 과연 어떠하섯음을 넉넉히 추측 할 수 잇슬 것이다.

그리하얏으나 산신은 종시 감응되는바가 없어 심히 답답하게 지나시더니 대종사 16세 되시든 해 정월에 어떠한 사람이 고대소설을 읽는 중 그 소설의 주인공이 어떠한 도사를 만나서 공부한 결과에 탁월한 정신을 얻어 그 기원을 성취 하엿다는 말슴을 들으시고 대종사의 심경에는 일대변화가 생기시엿으니 그것은 즉 산신 만나시려든 원을 포기하고 도사를 만나기로 결정하심이엿다. 웨 그리하섯느냐 하면 지금까지 믿어오든 산신은 만 4개년 간 그와 같은 정성을 드렷슴에도 불구하고 한번 보이는바가 없었으니 산신의 유무는 확실치 못한 일이요 도사로 말하면 유형(有形)한 사람임으로 맛나서 교제도 쉬울 듯 할 뿐 아니라 이 수많은 사람 중에는 반닷이 없지도 아니하리라, 생각하심이엿다. 그리하여 주소일념이 항상 도사 찾는 대에 그치시사 노상(路上)에서라도 혹 이상한 걸인을 만나시면 이것이 혹 도사나 아닌가 생각하시고 다리고 와서 공대(供待)하여 보내시며 어떠한 곳에 은사(隱士)가 잇다는 말을 들으시면 반다시 방문하여 심중소의(心中所疑)를 토론하야 보시고 혹은 청하여다가 같이 지내시기도 하시니 16세로부터 21세에 이르시게 까지 만 5개년 간은 그러한 무리들과의 연락이 실로 빈번하섯다. 그러나 대종사께서는 다시 또 실망하지 않을 수 없스시엿나니 이 세상에는 사실로 도사가 없다는 것을 늣기심이엿다. 기실 도사라고 하는 수많은 사람을 지내보앗으나 모도가 허위와 사술에 지내지 못하는 무리로서 정당한 진리를 찾을 곳이 없다는 것을 깨달으실 때에 종래에 가저오시든 도사 만나고저 하는 생각도 차차 단념되시고 드듸여 자력으로써 모든 것을 해오하지 아니하면 아니 될 것이라는 일대 비상한 결심을 세우신 후에 부친에게 간청하야 전일 기도 터이든 마당바위에 수도실 한 채 건축하야 주시기를 의뢰하시엿다. 부친께서는 대종사의 행동에 대하야 처음에는 혹 반대하는 일도 잇섯스나 얼마 지나지 아니 하야서 곳 그 정성에 감동한바 되야 모든 일을 조금도 제재하시지 안으섯고 또는 장래에 반다시 비범한 인물이 될 것이라는 애측하에 모든 행사를 극력원조(極力援助)하시든 터이라,

이 말슴을 듯자 곳 수간의 정사를 조성해 주서서 장차 입택하시려 할 지음에 불행하게도 대종사께서 부친상을 당하게 되시니, 생활에 대한 의뢰와 구도에 대한 후원이 일조양실(一朝兩失)이 되섯고 노모의 봉양과 처자의 구제가 모도 대종사의 책임이 되섯으니, 20평생에 일즉히 경험해보지 못한 고생과 뜻없는 세간생활에 가산인들 어찌 안보함을 얻으리요. 불과 수년에 다

소유업(多小 業)은 전연 탕패(蕩敗)되고 수도의 대계(大計)도 마참내 이루지 못하고 말게 되시니라.

5. 입정

대종사께서 주위환경이 불리하고 모든 사정이 허락되지 아니함을 아시사 드듸여 출가수도 하는 일은 단념 하섯스나 그 후로 붙어 오즉 깊어지는 것은 이 일을 장차 어찌할꼬? 즉 나의 알고저 하는 이 일을 어찌하면 알어 볼꼬? 하는 이 한 생각뿐이시엿다. 그리하야 처음에는 생활에 대한 계교심도 혹 잇섯고 고생이라는 늣김도 혹 잇섯스나 세월이 지낼수록 달은 관념은 돈연히 돈망 되시고 오즉 그 한 생각으로써 아츰으로부터 저녁에 이르고 저녁으로 붙어 아츰에 이르시며 24, 5세 되시든 때에는 이 일을 어찌할꼬 하는 그 생각까지도 이저버리시게 되야 점점 무심 적적한 상태에 들어가서 행하여도 행하는 줄을 몰으시며, 앉어도 앉는 줄을 몰으시며, 말하여도 말하는 줄을 모르시며 음식을 먹어도 음식 먹는 줄을 몰으시여 아모 분별력이 없는 우상(偶像)같이 되섯나니 당시의 현상과 외인의 평판은 어떠하얏든가.

대종사의 거처하신 가옥은 누년(累年)을 수즙(修葺)치 아니함으로 천장이 삼루(滲漏)하고 창벽이 퇴락하야 세 번의 이사에

번번이 도괴(倒壞)되엇섯고 조석지공(朝夕之供)은 갱반악식(羹飯惡食)이나마 그것을 능히 계속 할 수 없어 식시(食時)를 공궐(空闕)한 때가 한두 때 한두 달이 아니엿으며 그 우에 병고는 발생하야 복중(腹中)에는 거대(巨大)한 속병이 들어 잇고 전신에는 종기가 편만하엿으며 겸하여 간단없는 해수병으로 형용(形容)이 고고(枯槁)하고 피골이 상연(相連)하섯스니 일반가족의 애타할 것은 말할 것도 없거니와 이를 보는 인근 촌인(村人)들 중에는 좋은 인물이 애석타하야 혹은 동정의 말을 보내는 자도 잇고 또 혹은 전세 죄업의 소치라 하야 독단적 판단을 하는 자도 잇서 이때에 참견하는 중인의 안목에 빛이는 대종사는 한 가엾슨 정신 일은 폐인에 불과하엿든 것이다.

「일화」 당시의 실경(實景) 한 두어 가지 예

(1) 진지 잡수시다가 중지하고 계신 일

대종사께서 그 어느 날 아츰 진지 상을 받으신 후에 부인은 전작(田作)에 제초가 밥분 것을 생각하야 상을 물니기 전에 나와서 그 일을 다 마치고 정오가 지낸 후에 귀가한 즉 대종사께서는 그때까지 진지상을 받으시고 밥은 비빈대로 수저는 손에 드신대로 묵묵히 앉아계시는대 온 방 안에 파리 떼가 모여들어 밥과 음식을 먹고 잇난지라 부인은 혼자 탄식하고 갓가히 가서 큰 소리로 대종사를 불러 그 연유를 물은대 대종사 또한 놀라시며 비로소 식사하시든 중 그와 같이 망각된 것을 알아섯다 하며

(2)

또 어느 때에는 법성포 시장에를 가신다고 집에서 출발하사 얼마 되지 않는 선진포 (길룡리구내에 존存함) 부근에 가시다가 문 듯 서서 종일을 동(動)치 아니하시더니 시장에 다녀오는 사람들이 보고 와서 그 말슴을 본댁에 전하는지라, 일반가족은 모다 경황(驚惶)하여 곳 가서 모서왓다 하며, 또 어느 때에는 집이 침루하여 빗물이 앉으신 무릅을 적시되 조금도 감각을 모르섯다 한다. 그럼으로 가족들의 초조한 심경은 비할 대가 없게 되야, 어느 때에는 문복(問卜)하여 경문(經文)도 읽어보았다 하며, 또 부인께서는 대종사의 정신회복을 위하야 다년간 후원별처에 단을 모우고 매야(每夜)에 지성으로 하날에 기도한 일도 잇섯다 한다.

(3) 진달이 다녀오신 이야기(19세시)

(4) 연화봉(蓮花峰) 이야기(세시)

6. 오도

극즉변(極則變) : 무엇이나 극하면 변하는 것이 천지자연의 원리인지라 대종사의 다년간 침적(沈寂)하시든 심두(心頭)에도 일조(一條)의 형형(炯炯)한 광명이 빛이게 되섯스니, 대종사 26세 되시든 즉 병진 3월 26일, 일즉은 새벽에 대종사 묵묵히 앉으섯다가 문득 정신이 상쾌하야지심을 늣기시며 전에 없든 이상한 영기(靈機)의 동(動)하야 지심을 깨달럿다. 대종사 이를 심히 괴이케 역이 사사 문을 열고나와 건이시며 사면을 여보시니 때에 천기가 심히 청명하고 새벽 별들이 유난히 반작이는지라, 대종사 그 맑은 공기를 호흡하시며 장내를 두로 배회하시더니 문득 이 생각 저 생각이 심두(心頭)에 떠오르며 나의 연래에 지내온 바가 모다 고생이 아니엿든가, 또는 고생을 면하기로 하면 어떻게 할 것인가 등의 생각이며, 날이 밝으면 우선 머리도 빗고 손톱도 짜르고 세수도 하리라는 등의 생각이 인차(鱗次)로 계속 되시엿다.

어언간(於焉間) 날이 밝음에 먼저 청결하는 도구 등을 찾으시니 좌우 가족은 대종사의 의외행동에 일변은 놀래고 일변은 깁버하야 그 동작을 주시하게 되엿으니 이것이 곳 출정의 초보이시라, 대종사 수세(嗽洗)를 마치신 뒤에 옷깃을 염의시고 단정히 앉으서서 전일에 알고저 하시든 그 모든 의두를 차제로 연마해보시니 모도가 한 생각에 넘지 아니 하야 마음 밝아지는 경상(景像)이 마치 여명에 날이 장차 밝으려 함에 만상이 제절로 낱아 남과 같은지라, 이에 대종사께서도 크게 신기하기 역이사 종(縱)으로 고금을 참작해보시고, 횡(橫)으로 세계를 관찰해 보심에 하나도 걸리고 맥히심이 없으시엿다. 대종사 더욱 자신을 얻으시는 동시에 심독희자부(心獨喜自負)하사 그 경로를 생각해 보시되 스승 없이 스스로 깨치는 것은 대단히 어려운 일이라 하시고 한없는 만족감과 요행감을 늣기시엇나니라.

대종사 또 생각하시되, 동양도덕으로는 유교·불교·도교 등이 잇으나 지금까지 그 모든 교의를 자상히 들어 본 적이 없섯으니 내 이제 그 모든 교의의 강령을 한번 참고하야 나의 얻은 바에 대조하여 보리라 하시고 측근자에 명하야 제일착으로 유서의 소학·대학·중용·논어·맹자 등과 기타 수종의 서적을 구득(求得)하여 대략 열람하신 후(後)에 대종사 탄식하여 가라사대「나의 아는 바는 고인이 의미 먼저 간파 하엿도다.」하시고 이어 말슴하시되 모든 경전의 의지가 대개 적절하야 별로 버릴 바가 없으나 그 중에도 또한 진리의 심천과 시대의 적부적(適不適)이 잇다 하시고 또한 하나도 전적으로 긍정하신 바는 없으시엿나니라.

〔주〕대종사 득도하신 후(後)로 가장 이상한 일은 형모(形貌)

의 광명이시니, 연내에 신고(辛苦)하시든 그 숙병(宿病)은 일시에 춘설 같이 사라지고 초촉하신 용모와 피골 상연된 체신(體身)에 일야간 혈육(血肉)이 충만 하야 피부의 윤활함과 형모의 광명 함이 보름달과 같으시며 영명(英明)한 그 기상은 만유에 뛰어나시고 혼원(渾元)한 그 덕화는 춘풍이 태탕(駘蕩)함과 같으섯으며, 또 한가지 이상한 일은 대종사 어려서붙어 마음공부에 발심하사 한학에 대한 기회도 없엇으며 취미도 가지지 아니하시와 조예가 깊지 못하신것은 사실인대 한번 득도하신 후로는 아모리 어려운 경전이라도 그 문리를 첩해(輒解)하실 뿐만 아니라 그 경의(經義)를 해석함에 잇서서는 어떠한 전문학자라도 능히 대답지 못하고 도로혀 대종사에게 질정(質正)을 얻게 되엿으며 하로에 수십 편의 가사와 수백 구의 한시를 읊으시여 보는 사람을 놀내 니게 하섯나니라.

단 당시의 저술문구는 일시적 발심조흥은 될지언정 중생제도의 정식교재에 적합치 못하다 하야 대정 9년경 드디어 취소(取消)명령(命令)이 계섯음으로 그 후 세상에 전(傳)하지 못하다.

7. 불법기연

대종사 이믜 도를 얻으시엿으나 그 무엇으로써 이 도를 일음하며 어떠한 방식으로써 중생을 교화 할가 하야 심사숙고 연마에 연마를 거듭하시더니 병진 4월 7일 새벽에 대종사님께서 한 몽사(夢事)를 얻으시니 기골장대하고 풍채헌앙(風采軒昻)한 도승 한 분이 차자와서 인사를 마친 후에 소매 속으로 붙어 조그마한 책자 하나를 내여 대종사전에 올니며

『선생님! 이 책의 뜻을 아시겠나니까?』하거늘 대종사 그 표지를 보시니 〈금강경〉 3자가 분명한지라, 대종사 답해 가라사대

『내가 아즉 이 책을 읽어본 적이 없으나 읽으면 혹 알 듯도 하다』고 하섯다. 그 도승 또 말하기를

『이것이 선생님의 종지 온즉 두고 잘 읽어보십시오.』하고 혼연히 떠나가는지라, 대종사 익조(翌朝)에 제인(諸人)을 대하사 그 몽중 소감을 말슴하시고 근처 사찰로 곳 사람을 보내여 〈금강경〉을 구해오라 하시니, 영광 불갑면 불갑사에는 금강경판까지 잇음으로 한 권의 책을 백혀오는지라, 대종사 크게 깁버하사 전후 경의를 삷여보시고 무한찬탄 하시며 좌우제인(左右諸人)으로 하야금 독송 연구하라 하시니, 이것이 곳 불교와의 첫 기연이엿으며, 이로 붙어 불경에 가장 친(親)하게 되시사 선

요·팔상록·불교대전 등 요서를 차제로 고람(考覽)하시고 친견해 가라사대

『불법이란 자는 천하의 대도라, 진성의 근원을 발명하고 생사의 의심을 해결하고 인과의 진리를 밝히고 수행의 문로를 구비하여서 인류의 학설에 탁연(卓然)할 뿐만 아니라, 나의 발심한 동기와 수행한 경로와 금일 계오(契悟)한 진리가 모다 과거 부처님의 종지와 여합부절(如合符節)하게 되얏으니, 나의 회상은 장차 불법회상으로 낱아날 것이요, 우리의 주경은 또한 금강경으로 정하여 성리의 학(學)과 선정(禪定)의 행(行)을 넓히 전파하고 크게 장려하리라.』하시더라.

8. 불교혁신

대종사 항상 불법진리가 무상대도임을 역설하시나, 그 제도에 잇서 반닷이 개혁하지 아니하면 아니 될 몇 가지 요건을 말슴하시니, 그것은 다름이 아니라 종래 조선불교는 오래동안 정치의 압박과 유교의 세력에 밀녀서 심산궁곡에 은거독처(隱居獨處)하야 염불좌선으로 일생을 동무하게 됨에 세속 사람과는 전연 인연이 끊어지고 세간생활과는 아무런 교섭이 없게 되얏으니 이것이 비록 독선기신의 소승적 수행은 될지언정 대자대비로 광도중생(廣度衆生)을 하되 지옥중생을 제도하기 위하야

는 축생에 뛰여든다는 부처님의 본회(本懷)는 아닐 것이며, 또 불법이란 자는 진리가 심히 깊고 방편이 가장 많은지라 그 무수한 방편으로써 무상한 진리를 알게 하고 닥게 함이어늘 근래에 각 종파 각 교단을 보면 대개 자기의 주장에 집착하야 선(禪)하는 자는 염불을 배척하고 염불하는 자는 선(禪)을 배척하며, 경(經)보는 자는 경만을, 율(律) 닥는 자는 율만을, 내지(乃至) 타라니(陀羅尼)하는 자는 타라니 만을 옳다 하야 일체 다른 것을 배척하니, 불법 문중에는 불사일법(不捨一法)이란 원만한 불법이 필경은 지엽적 불교 분산적 불교로 화(化)하야 불타의 근본정신을 파악하기가 전연 곤난(困難)하게 되엿으며, 또는 그 생활이 넘우나 의타적(依他的)이엿고 그 정신이 넘우나 미신적이여서 그것을 타파각성하야 바로 속히 대승적 불교 일원적(一圓的) 불교, 자립적 불교, 사실적 불교를 건설하지 아니하면 미래시대의 중생교화에는 적합하지 못하다 하시고 좌(左)와 여(如)한 혁신의 요강을 발표하시니

一. 신자의 일상생활에 접근하기 위하여 도량을 신자의 중심지에 설치할 일.

二. 난해의 한문 경론을 평역한 문자와 통속어로써 이를 번역하고 편찬하야 계우 문맹을 면한 정도의 사람으로서는 누구나 다 보고 듯고 읽고 뜻을 해석 할 수 있도록 할 일.

三. 불제자의 계통을 출가 승려에만 한하고 재가신자는 외

호(外護)의 책임만 맡게 되었든 것을 변경하야 재가 출가를 구별할 것이 아니라, 다못 그 법계(法階)의 고하에 따라 정 할 일.

四. 결혼생활을 법으로써 금지 할 것이 아니라 각자의 의사에 맡길 일.

五. 여자포교사를 다량으로 양성하야 여자신자는 여자포교사의 교화를 받게 할 일.

六. 계정혜 3학으로써 동정간 수행하는 강령을 삼고 염불·좌선·간경·지계(持戒)·기도 등을 수행의 방편으로 이용하야 각 종지의 일원화(一圓化)를 도(圖)하는 동시에 어느 때 어느 곳에서든지 능히 불법수행을 하도록 할 일.

七. 걸식·청시(請施)·동령급 불전 음식공양 등의 행사를 일체폐지 하고 근로정신을 함양하야 자작자급의 생활을 도(圖)할 일.

八. 등상불을 폐지하고 법신불을 상징하는 일원상을 봉안하야 신앙의 대상과 수행의 표준을 삼을 일.

九. 미래극락, 영혼구제 만을 치중할 것이 아니라 현실생활 인생요도를 천명하야 물심양전(物心兩全)을 기할 일.

이상과 같이 강요(綱要)를 말슴하시고 다시 그 혁신의의를 앙양하기 위하야 「불법시생활 생활시불법」「일상삼매 일행삼매」「무시선 무처선」「사사불공 처처불상」등의 표어를 제정하야 불법과 생활이 둘이 아니요 공부와 사업이 둘이 아니며, 어느 곳에든지 부처님을 모시고 당하는 일마다 불공을 들일 수 잇다는 것을 항상 고조역설(高調力說) 하섯스며 관혼상제 등 지어(至於) 인간 예법에까지 모도다 개정(改定)의 부월(斧鉞)을 나리시며 허례외식은 일체폐지하고 시대에 적절(適切)하며 사실에 부합되는 신정의례를 창작발표 하시다.

9. 접화(接化)

대종사 득도하신 후로 위덕이 날로 성(盛)하시니, 부근 인사 혹은 신기케 여기고 혹은 흠앙(欽仰)하야 문하에 부쫓는 자 날로 많은지라 대종사 또한 친절히 접응하사 인자하신 법설을 베푸시니 불과 기월(幾月)에 상종하는 자 40여인이라, 대종사 그들을 앞에 놓으시고 그 심리를 삶여보시니, 모도가 허위, 미신, 일시적 충동으로 된 가위(可謂) 부평초 같은 신념일 뿐 아니라 또한 그들은 종래로 통제적(統制的) 훈련과 귀칙잇는 생활을 하여 본 바가 없든 사람임으로 그 40여인을 일률적으로 지도함이 곤난(困難)할 것을 간파하시고 그 중에서 특별히 진실하고 신념 굳은 몇 사람을 선출하여 좀 정력을 더하시고 실정을 통하시여 첫 회상의 표준인물을 삼기로 하시고, 먼저 여덜 사람을 정하섯스니, 그 성명은 아래와 같다.

1. 김성섭金成燮(법명 광선光旋)

2. 김성구金聖久(법명 기천幾千)
3. 박한석朴漢碩(법명 동국東局)
4. 오재겸吳在謙(법명 창건昌建)
5. 이인명李仁明(법명 순순旬旬)
6. 박경문朴京文(법명 세철世喆)
7. 유성국劉成國(법명 건巾)
8. 이재풍李載馮(법명 재철載喆)

우팔인중(右八人中) 처음 맛난 제자는 김성섭이니, 성섭은 본래 대종사의 가정과 서로 교의가 잇고, 또는 유시로 붙어 대종사의 지향(志向)이 범류(凡類)에 달은 줄을 알엇음으로 그 친절함이 동기형제와 같든 중, 대종사의 입정전후에 많은 보조와 위로가 잇섯고, 그 다음 박한석은 대종사의 친제이고, 유성국은 외숙이며, 박경문은 족질이요, 이인명・김성구・오재겸은 모도다 지우(知友)이며, 이재풍은 오재겸의 인도로 입참하엿다.

대종사 이 8인의 제자를 앞에 두시고 선교방편(善巧方便)을 써 일방으로 이들의 원을 이르키며 일방으로 이들의 기국(氣局)을 넓니여 점진적으로 진실로 도에 들게 하실 새 낮으로는 일터에 나가서 작업에 종사하고 밤이 되면 심경(深更)에 이르도록 법설을 들니시여 량량자음(量量慈音)이 끊어지는 때가 없으시니 8인제자 심열성복(心悅誠服)하야 대종사의 지도에는 불석신명하는 굳은 결심이 서게 되얏으며 힘에 지나치는 고역을 하것

마는 조금도 피로를 늣기지 아니할 뿐드러 병이 잇는 자는 병이 낫고, 몸이 약한 자는 몸이 강해져서 무량한 심락을 누리며 화평단란한 공동생활을 영위하게 되얏으니, 이것이 집단교단으로서의 첫 출발이엇다.

경북 성주인 송도군은 연소발심(年小發心)하야 도덕의 정로를 찾지 못하고 사방으로 유랑하더니, 대종사 그 법기임을 알으시고 대정 7년(무오) 춘간(春間)에 친히 왕방(往訪)하시여 약속을 두신 후 동년 6월경에 제자 김광선을 파견하여 슬하에 거두시니 이가 곳 후일의 정산 송규이다.

이로 붙어 해를 따라 각지의 신봉자가 접종(接踵)하여 이러나니 김제, 전주, 익산, 진안 등지에서 상종자(相從者)가 수 백인이요, 다시 경성방면에서도 약간의 향응자가 있는지라 이를 통할하기 위하여 대정 13년 (갑자) 동(冬)에 총부 기관을 익산 현주소로 이전하니 이로 붙어서 회세가 더욱 발전하야 입회률이 연가세증(年加歲增)하고 각 지부 출장소가 계속 성립되는지라, 대종사 대정 14년 (을축) 하기(夏期) 붙어 총부에 선원을 개설하사 기후(其後) 18년간 동하양기(冬夏兩期)로 매년 수 백인에게 선적훈련(禪的訓練)을 가할실새, 대종사 매일 선원에 출석 하시사 종횡 무진한 장광법설(長廣法說)을 하섯음은 불가승기(不可勝記)이고, 춘추 6개월은 각 지부 출장소에 순석(巡錫)하시사 지방회원에게 까지 고루 법화를 잎이시니, 교화의 성의는 고금에 처음이시오, 포용의 덕량(德量)은 만고에 탁절(卓絕)하신지라, 누구든지 대종사를 뵈옵기만 하면 자연히 경배하는 마음이 나서 자기도 모르는 사이에 부모와 같은 인정과 의리가 건네며 한번 법하에 귀의한 이상에는 다시 그 마음을 변개(變改)하는 자 없섯스니 설법도생(設法度生) 28년에 백 여인의 전무출신과 이만 여인의 재가신자를 얻으심이 실로 우연한 바가 않이엿나니라.

10. 건설

대종사 적극적으로 교화에 전력하시는 일방, 또한 사업건설에 조금도 등한히 하신 바가 없섯나니 영육쌍전의 표어 하에 물물히 진행된 28년의 건설사가 넉넉히 이를 설명하는 바이다.

대정 6년 정사 8월경에 9인제자를 중심으로 불법연구회 기성조합을 창립하시고 스사로 그 조합장이 되시여 조합원으로 하야금 금주단연과 불미저축(佛米貯蓄)을 려행(勵行)하야 매인하(每人下) 매월 1원 이상의 저축을 하게 하시니, 불과 기월지간(幾月之間)에 4백여 원의 저축금이 적립되고, 또, 대종사께서 제일 사가의 집기등속을 방매장(放賣長)하신 것이 4백여 원으로서 합하면 8백여 원의 금액(金額)을 득(得)한지라, 일일(一日)은 대종사께서 제인(諸人)을 불너 무르시되

『내 장차 저 길룡리 전면의 해수 내왕지를 방언작답하야 우

리 조합의 기본재산을 삼고저 하노니, 이는 폐물이용으로써 국가 사회의 생산확충에 한 봉공이 될 뿐만 아니라 우리로서도 공도 사업의 개척자가 될 것이니 제군의 의향은 어떠하뇨?』

하시엿다. 일동은 엿자오대

『심히 지당하온 말삼이오나 길룡리 전면의 간석지를 개척작답하기로 하면 적어도 근 만원의 공비(工費)가 요하온대 이제 계우 7, 8백원의 약소한 금전으로 어찌 가히 생의(生意)나 하오리까』

하고 난색을 보이는지라 대종사 다시 가라사대

『세상만사가 모다 사람의 마음에 잇는 것이니 비록 금전이 업슬지라도 마음만 잇으면 되는 법인즉 제군도 마음에 꼭 하겟다는 작정만 세운 후에 나에게 '하겟습니다' 하는 단언만 올니라. 그리하면 반다시 될 것이다.』라고 하섯다.

9인은 본래 신성이 독실하든 터이라 여기에 이르러서는 조금도 사량계교가 없이 이구동성으로 『오직 명령을 받뜨러 실행할 뿐이로소이다.』하고 엿주엇다.

대종사 즉시 명하사 그 돈 8백원으로써 목탄을 구입하라 하시니 해표(海俵) 시가 25전 내지 30전으로 전부를 구입하게 되다.

대정 7년 (무오) 춘(春)에 이르러 목탄을 방매하려 하니 일표(一俵) 대금이 2원 5십전 내지 3원으로 일약 10배의 이익을 생

(生)하여 7, 8천원의 자금을 득(得)한지라, 동년 3월경에 방언 공사를 착수하여 익년(翌年) 3월경에 준공을 고(告)하니 공사기간 만 1개년만에 십수정보의 옥토를 득(得)하게 된바 이것이 본회의 유일한 기본재산이며 이것을 조성하기에 대종사 이하 9인 제자의 고심노력은 실로 참담한 바가 잇섯나니, 아무리 성서혹한(盛署酷寒)이라도 대종사 반다시 일터에서 친히 역군을 감독하시고 9인제자는 평생 처음으로 직접 담부종사(擔負從事)하야 노동자를 능가하리 만큼 흙짐이 컷섯다 한다.

　대종사 일즉붙어 입산을 뜻하사 대정 8년 (기미) 3월경에 오창건을 다리시고 전북 부안군 월명암에 행차하사 10여일 유재후(留在後) 환가 하시고, 7월경에는 다시 송규를 그곧에 파견하여 미래근거를 정케 하시더니, 동년 10월경에 다시 박세철을 다리시고 서해연변(西海沿邊)을 도라 월명암에 이르시니, 때에 월명암의 주지 백학명선사는 조선 선학계의 거장으로 대종사를 영접하여 심히 환도(歡徒)할 뿐 아니라 서로 불교의 혁신사상을 토론해보신 결과 공오(共鳴)되는 바가 많은자라 이로 붙어 평생의 지기를 얻엇다 하시여 그 교의가 여타자별(與他自別)하섯스며, 그 후 대종사께서 실상사 부근에 수간의 초옥(草屋)을 매수하사 휴양의 처소를 삼으시니, 월명암과 거리가 10리허(十里許)라, 학명선사와 상종이 빈번하엿으며 기후(其後) 그 곧에서 4, 5년간을 지나시며 선사 항상 대종사에게 출세제도 하

심을 권고하되 대종사 우스시며 말슴하시기를

『임연이어 불여퇴이결강(臨淵羨魚 不如退而結網)이란 말과 같이 나 지금 이러고 잇는 것이 곳 중생제도라』

하섯으며 또 혹 우스시며

『선리소식을 통했다는 분이 어찌 수재여모태중(雖在如母胎中)이나 수도중생필(遂度衆生畢)이라는 뜻을 모르느냐』

고 농어(弄語)도 하섯다.

한 때에는 학명선사 한시 절구 1수를 보내여 은연히 대종사의 출세를 권고하여 가로대

투천산절정 귀해수성파(透天山絕頂 歸海水成波)

불각회신로 석두의작가(不覺回身路 石頭倚作家)

때에 대종사 거처하시는 가옥이 협루(狹累)하다 하여 시봉제자들이 상모(相謨)하고 초가 3간을 신축하고 석두암이라 편액을 부처든 고로 석두의작가(石頭倚作家)의 말이 나오게 되엿든 것이다. 대종사 그 화시(和詩)를 써 가라사대

절정천진수 대해천진파(絕頂天眞秀 大海天眞波)

부각회신로 고로석두가(復覺回身路 高露石頭家)

이것은 지금 숨은 석두암이 장래에 드러날 석두암이 될 것이라고 하신 의미이다.

하루는 대종사께서 실상사 주지 한만허 화상과 동행하여 월명암에 올나가시더니 실상천변 흐르는 물가에 이르러서 만허

화상 문 듯 혼자 입속으로

『강류석부전(江流石不轉)이로구나』

하고 가거늘, 대종사 뒤에 따르시다가 큰 소리로

『강류하처거(江流何處去)오』

하고 외치시니, 만허화상 작지를 멈추고 서서 아연 하는지라, 대종사 서서히 가라사대

『석부전강불류(石不轉江不流)로다.』

하시고 두어 거럼 거러 가시다가 다시 만허화상을 불너시여

『석역전강역류(石亦轉江亦流)라.』

하시니 그때에 수행하든 자 그 뜻을 아지 못하더라.

대종사 실상초당에 계신지 6년간 안으로는 일체 교전과 모든 법규를 제정하시고 밖으로는 각지의 내왕인을 접응 하시니 심산궁곡이 일시의 번영을 득(得)한 감이 잇섯다. 그러나 교통이 불편하고 장소가 협착(狹窄)하야 곤난(困難)이 다대(多大)하더니, 대정 12년 (계해) 7월에 김제인(金堤人) 서상인(徐相仁) 법명 중안(中安)이 그 형 상진 (동풍)의 인도로 와서 대종사께 뵈옵고 인하야 하산도생(下山度生)하심을 간청하거늘 대종사 허락하셧더니 마참 영광으로 붙어 모부인(母夫人)의 병보가 내도(來到)하는지라, 대종사께서 중안으로 더부려 동기상봉(冬期相逢)의 약(約)을 두신 후에 급거히 영광으로 환가 하시다.

대종사 영광으로 환가 하신 후 대정 12년 (계해) 7월경에 모

부인 상을 당하시와 애통중(哀通中) 상례를 필(畢)하시다. 이때 각지 신도들이 대종사를 뵈옵기 위하야 영광으로 다수 회집(會集)하니 영광교실(靈光敎室)이 넘어나 누협(累狹)하야 대중을 용납(容納)하기 불능(不能)한지라 이에 교실건축의 건을 발의하여 범헌동 전록(前麓)에 현 지부위치(現支部位置) 대지를 정하고 역시 대종사의 직접 감독하에 모든 제자들의 육신근로로써 불일성립(不日成立)하야 정간 10간(正間十間)과 행랑 8간을 동년 10월경에 이르러 필역(畢役)하다.

영광교실 역사를 필(畢)하신 후 대종사께서 동년 11월경에 전주로 행가하시사 서중안을 만나시여 불법연구회 취지규약 인쇄와 창립총회에 대한 일체준비를 중안에게 일임하시고, 12월경에 다시 부안 석두암으로 환차(還次)하시사, 학명선사를 만나시여 비로소 하산의 내의(內意)와 본회창립의 취지를 말슴하신대 선사도 본시 취지에 동감하던 터이라, 자신도 내장사로 가게 된 것을 말슴하시고 내장사로 가는 이면에는 전일 선생님의 주장하신 반농반선주의를 실현하야 산도 개척하고 식목도 하고 호수를 막아 초생지를 작답도 하야 자작자급의 정신으로 일대 혁신선원을 건설하기로 함이니, 기왕이면 불법연구회 위치를 그 곳에 정하시여 모든 것을 합작하는 동시에 선생님이 일체 지도의 책(責)을 맡으시는 것이 여하 하시오니까 하고 누누히 간청하엿다. 대종사 답해 가라사대

『만약 내장사가 스님의 단독 소유라면 그도 가능한 일이나 그것이 사중 공유인 만큼 만일 속인의 떼가 드러가는 때에는 산중공의가 굉장히 일어날 것이니, 그것은 어떻게 할 작정이시오.』

하고 선사에게 후사를 다지시었다.

선사 『그것은 조금도 염려 마시고 방침만 그렇게 정해 주신다면 내가 어떻게든지 그 일을 도성(圖成)하겠다.』

고 약정을 세운 후에 인하여 송규·오창건·김광선·이준경 등을 선발대로 내장사에 보내고 대종사께서는 부안 석두암에서 과세후(過歲後)에 내장사로 가시기로 하섯다.

대정 13년 갑자 2월경에 대종사께서 전음광을 다리시고 정읍 내장사에 도착 하서서 전일 학명선사와 약정한 일을 다시 토의하니 과연 산중승려의 반대로 선사의 입장이 심히 난처하야 심신이 불안한 중에 있는지라, 대종사께서 여러 말씀으로 선사의 마음을 잘 위로하신 후에 몇몇 사람의 제자와 같이 내장사를 출발하사 경성방면으로 순회하여 일 개월 후에 이리 박원석가로 오시사 여러 사람을 만나보시고 본회 창립에 대한 여러 가지 지시를 주시다.

대정 13년 (갑자) 4월 29일에 불법연구회 창립총회를 이리 보광사에서 개최하니 신자 총 수는 2백여 명이요, 출석대표는 30여인이라, 초대회장은 서중안으로 선거하고 장소 선택과 회관신축의 건을 난만(爛漫) 토의하고 불법연구회 기성조합은 이로서 해체하다.

동년 8월경 회관 건축장소를 전북 익산군 북일면 신용리 (현 총부장소)에 결정하고 회장 서중안의 노력과 각지 회원의 열성으로 계우 공비(工費)를 변출(辨出)하여 건축공사에 착수한바 대종사 이하 일반 전무출신자의 노고는 언어로써 형용키 난(難)한 정도엿으며, 동년 11월경에 이르러 비로소 목조 초즙 2동 17간을 필역(畢役)하니 공비 약 일천 수백원으로 이것이 본회 총부회관의 첫 건설이며 본회간판을 세상에 광고하는 첫 출발이었다.

회관은 근근히 형성하였으나 유지방책이 전연 서지 않어……(이하절필)

주) 주산 송도성은 원기 9년도의 본관건설 사업 서술 중에 절필하여 대종사 28년 건설사는 중도 절필 되고 말았다.

참고문헌

· 원불교 정화사 《원불교 교고 총간》 1~6권. 원기 54.

　　　　　　　　　　　　　　　　　　원불교 정화사
· 수위단 사무처 《수위단회 단장개회사 모음》 원기76년.

　　　　　　　　　　　　　　　　　　원불교 출판사
·　　　《대산상사 법설수필》 1, 2, 3권. 원기 82년.

　　　　　　　　　　　　　　　　　　원불교 상사원
· 김대거 《대산종법사 법문집》 제3집. 1988.　원불교 출판사
· 김대거 《대산종법사 법문집》 제4집. 1993.　원불교 출판사
· 김대거 《대산종법사 법문집》 제5집. 1994.　원불교 출판사
·　　　《불법연구회 규약》　　　원기 12. 불법연구회
· 소태산 《수양연구 요론》 원기 12.
·　　　《보경육대 요령》 원기 12.
·　　　《조선불교 혁신론》 원기 20.
·　　　《회원 수지》 원기 21.
·　　　《근행법》 원기 28.
·　　　《불교정전》 원기 28. 불교시보사
· 이공주 《원불교 제1대 창립 유공인 역사》 원기 71.

　　　　　　　　　　　　　　　원불교 제1대 성업봉찬회
· 청하문총간행회 《청하문총》 1, 2, 3권. 1976.　원불교 출판사

· 이승원 《원각성존 소태산 대종사 수필법문집》
　　　　　　　　　원불교 대학원 대학교 교화 정책 연구회
· 동산문집 편찬 위원회 《동산문집》2권. 원기 79년.
　　　　　　　　　　　　　　　원불교 출판사
· 선진문집 편찬 위원회 《항타원 종사 문집》 1983.
　　　　　　　　　　　　　　　원불교 출판사
· 김중묵 《인과의 세계》 1981.　　　원불교 출판사
· 박용덕 《원불교 초기 교단사》 3, 4, 5권. 2003.
　　　　　　　　　　　　　　　원불교 출판사
· 오선명 《정산종사 법설》 2000.　　월간 원광사
· 송인걸 《대종경속의 사람들》 1996.　월간 원광사
· 정자선 《예화집》 1977.　　　　　원불교 출판사
· 송정윤 《원불교 대계》 2000.　　　중앙문화원
· 원불교신보신서 《구도 역정기》 1988.　원불교 출판사
· 송도성 《대종사 약전》
· 조송광 《조공진 백년사》
· 차광신 《원각성존 소태산 대종사 친견선진 영상,
　　어록 보존을 위한 조사 연구》 2003. 일원문화 연구재단
· 원불교 신문 · 월간 원광 · 한울안 신문
· 박창기 수필법문 · 이공주 수필법문 · 송도성 수필법문 ·
　권우현 수필법문 · 대종사 법설 한문 수필본 · 전음광 수필법문 등

· 대종사 당대 선진 구술 자료 다수 등

대종사님의 그 때 그 말씀 3

저자	서문성
초판 인쇄	2004년 8월 5일
초판 발행	2004년 8월 10일
발행처	원불교출판사
발행인	박경영
주소	전라북도 익산시 신용동 344-2
전화	850-3324, 854-0784
등록번호	제7호
등록일자	1967.7.1
	값 6,000원

*잘못된 책은 바꿔 드립니다.